HEIKE HOFFMANN

Die gebürtige Augsburgerin ist im Allgäu aufgewachsen und lebt heute am Ammersee. Die Historikerin und freiberufliche Journalistin ist leidenschaftliche Hobbyköchin. Sie schaut auch immer wieder direkt in die Töpfe von Profis und kennt die andere Seite der kulinarischen Kulissen. Sie ist Autorin mehrerer Bücher über den Gardasee und sein entdeckenswertes Hinterland. Fotografie, insbesondere Foodfotografie, wird immer mehr zu ihrer Passion.

Bibliografische Information der Deutschen Nationalbibliothek
Die Deutsche Nationalbibliothek verzeichnet diese Publikation in der Deutschen Nationalbibliografie; detaillierte bibliografische Daten sind im Internet über http://dnb.dnb.de abrufbar.

ISBN 978-3-95786-139-9
© Wißner-Verlag, Augsburg 2017 | www.wissner.com

Projektleitung: Michael Moratti
Gestaltung und Cover: Lisa Schwenk
Bildbearbeitung: Matthias Gackowski

Druck: Joh. Walch, Augsburg

HEIKE HOFFMANN

Ammerseerenke bis Zwetschgendatschi

REZEPTE VON UNTERWEGS

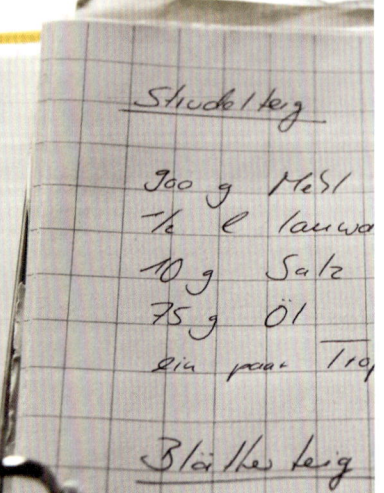

Ein Gruß an die Küchen

UND DIE WIRKLICHE GESCHICHTE ZU DIESEM BUCH ...

Sie fängt mit Barack Obama an, zumindest indirekt. Auf unserem Foto sitzt er in Krün, dem Bilderbuchdorf bei Garmisch, beim Weißwurstfrühstück. Eingeladen hatte die deutsche Kanzlerin anlässlich des Politik-Gipfels in Schloss Elmau. Der Besuch des berühmten Gastes führte allerdings dazu, dass uns der Weg in den Süden aus Sicherheitsgründen verwehrt war. Der Alpenübergang war gesperrt. Denn eigentlich sollte unsere Reise Richtung Süden gehen, zur Recherche nach Italien.

Wir beschlossen also, uns nicht zu ärgern und den Urlaub zuhause mit dem Besuch in einem guten Restaurant zu »versüßen«. Wir nahmen den Slow Food-Führer Deutschland zur Hand und blätterten. »Menschenskind«, entfuhr es mir, »diese Augsburger!« Gleich mehrere Adressen, die ganz wunderbar und besuchenswert klangen, rund um meine Geburtsstadt herum. Wir wählten den Goldenen Stern in Rohrbach bei Friedberg. Und hier entstand die Idee zum Buch.

Das Pastrami mit Wachtelei war vorzüglich, ebenso die Spargelsuppe und der mürbe Oxenbraten, bei dem wir uns damals noch wunderten, weshalb man ihn mit »X« schreibt. Ich fragte nach, offensichtlich auffallend neugierig, was dazu führte, dass sich Wirtin Viktoria Fuß nach meinem Beruf erkundigte. »Foodjournalistin«, sagte ich, und ein Gespräch begann. Sie erzählte mir vom Wittelsbacher Land und seinen Spezialitätenwirten, von Maria Birnbaum und dem Sisi-Schloss, von den Bauernhöfen und Genussmanufakturen. Sie fragte nach meinem Wohnort und ich sagte: »Ammersee« und ihre Augen leuchteten. Denn Ammersee heißt Badefreuden und Bergblick, Eis am See oder gebratene Renke auf dem Teller. Und beide zusammen stellten wir fest, dass es hier wunderschön ist, dass man sich so manchen Stau Richtung Süden sparen und stattdessen eine Gegend entdecken sollte, die so viele Geheimtipps bereithält.

Eigentlich sollte ich also Mister Obama danke sagen. Auf jeden Fall aber ist es mir Bedürfnis und Vergnügen, mich bei all jenen zu bedanken, die ganz konkret an der Entstehung dieses Buches beteiligt waren. »Rezepte von unterwegs« erhält man nur, wenn Köchinnen und Wirte, Bäuerinnen und Genusshandwerker sich in die Töpfe schauen lassen und ihr Rezeptbüchlein zücken oder wenn Gastronomen sich trotz ihrer 80-Stunden-Woche Zeit nehmen. Und danke an die Malerin Uschi Roll aus Kissing, die ihr Ku(h)nst-Projekt extra für uns um »Oxen« erweiterte.

Ein herzliches Dankeschön also an alle, die mitgemacht haben!

Doch zwischen zwei Buchdeckel und damit zu Ihnen gelangen die Eindrücke, Tipps, Rezepte und Fotos durch einen mutigen Verlagsleiter, dessen Kochleidenschaft obsiegte, als er das Ja-Wort zu diesem Buch gab, eine ebenso begnadete wie herzliche und bienenfleißige Grafikerin, einen umsichtigen und mit vielen Ratschlägen zur Seite stehenden Bildbearbeiter und mehrere Korrekturleser, Probekocher und Aufmunterer in stressigen Phasen.

Vielleicht sollten wir Herrn Obama jetzt, wo er doch Zeit hat, einladen und ihm bei Ammerseerenke und Zwetschgendatschi erzählen, was es hier zu entdecken gibt!

Frühlingslust

Sommerlaune

Herbstgenuss

Winterfreuden

Frühlingslust

WILDKRÄUTER AM BACH, OSTERLAMM
UND ERSTE FRISCHE SALATE DER REGION: EIN FRÜHLINGSFEST!

Villa Möstl

BAUERNHOFCAFÉ ZWISCHEN WIESEN UND WÄLDERN

LANDIDYLLE | Käse aus der Milch der eigenen Kühe, frisches Brot, hausgemachte Kuchen, Kräuter aus Natur und Garten

Geht man im Frühling auf Entdeckertour zwischen Ammersee und Lech, dann kann es sein, dass man auf ein Grüppchen von Leuten trifft, mit festem Schuhwerk ausgestattet und Körben in der Hand. Sie gehen langsam und blicken meist auf den Boden. Das Grüppchen bleibt stehen, eine zierliche Frau vorne erzählt etwas. Wir sind zu weit weg, so können wir nicht hören, was sie sagt. Aber als sie fertig ist, schwärmen die Leute aus, bücken sich, manche haben Handschuhe an und pflücken etwas Grünes. Wir kommen näher und fragen. Ein Kräuterkurs ist das, erklärt uns Gertrud Möstl, die Kräuterpädagogin und Wirtin vom Hofcafé Villa Möstl.

Das stattliche Gutshaus aus dem Jahr 1902 liegt malerisch mitten in den Wiesen, von Wäldern umgeben. Idyllisch ist es hier, ein Bach mäandert durch die Felder, wir entdecken Molche. Im Café angekommen, betrachten wir die verführerischen Kuchen und Torten, alle hausgemacht mit Eiern der eigenen Hühner und oft mit Früchten aus dem eigenen Garten. Mit den Wildkräutern macht Gertrud Möstl Suppe, mariniert Käse oder würzt Salate. Dazu gibt es köstliches Holzofenbrot – selbstgemacht, wie der naturtrübe Apfelsaft, den wir dazu trinken. Was sonst auf den Tisch kommt, stammt aus der nahen Umgebung.

Um den Hof herum mäht Ehemann Norbert Wege in die Wiese, so dass man Hühner, Laufenten und Bonnie und Clyde, die beiden Hängebauchschweine, besuchen kann, begleitet von Ronja, der gutmütigen Hofhündin.

KRÄUTERLUST | Blüten aus dem Garten, Salate und Kräuter verzieren und würzen die Frischeküche von Gertrud Möstl. Ronja, die freundliche Hofhündin, begrüßt derweil die Gäste.

Sieben, neun oder elf verschiedene Kräuter, immer eine ungerade Zahl, so ist es Brauch.

Oregano und Majoran sind verwandt und werden manchmal als Dost bezeichnet.

MÖSTLS GRÜNDONNERSTAGSSUPPE

3 Handvoll Kräuter wie Sauerampfer, Giersch, Petersilie,
    Schnittlauch, Löwenzahn, Bärlauch, Brennnessel
1 EL Butter
1 EL Mehl
1 l Gemüsebrühe (alternativ Rinder- oder Geflügelbrühe)
⅛ l Milch
3–4 EL Sahne
1 EL Sauerrahm
Salz, Pfeffer

Kräuter waschen, trockentupfen, kleinschneiden.

Aus Mehl und Butter eine helle Einbrenne herstellen: Butter schmelzen lassen, Mehl dazugeben und gut umrühren, mit kalter Brühe aufgießen. Die Kräuter hinzufügen und ca. 5–10 Min. vorsichtig kocheln lassen. Milch, Sahne und Sauerrahm dazugeben. Wer mag, kann mit einem Stabmixer pürieren. Mit Salz und Pfeffer abschmecken und bis zum Servieren warm stellen, aber nicht mehr kochen lassen.

Tipp: Man kann kurz vor dem Servieren 3 EL frisch geriebenen Parmesan zugeben. Die Suppe dann noch mit einem Klecks Sauerrahm verfeinern und mit Gänseblümchen und Kräutern bestreuen.

MARINIERTER BRIE MIT KRÄUTERN

300 g Briekäse   Zucker
100 ml Olivenöl   Pfeffer aus der Mühle
100 ml Wasser   je 3–4 Stängel Oregano (Dost),
2 Knoblauchzehen   junge Beinwell-Blätter sowie
1 Bio-Zitrone   Pfefferminzblätter
Salz   Beinwell-Blätter und -Blüten

Den Brie in mundgerechte Stücke, den Knoblauch in Scheiben schneiden. Die Zitrone waschen und mit einem Kartoffelschäler Streifen abschälen, den Saft auspressen. Eine Marinade aus Olivenöl, Wasser und Zitronensaft zubereiten und mit Salz, Zucker und Pfeffer abschmecken. Kräuter waschen und trockentupfen. In einer Schüssel abwechselnd eine Lage Kräuter mit Knoblauch und Zitronenschale sowie eine Lage Käse schichten. Mit einer Lage Kräuter enden. Mit der Marinade übergießen und mindestens 12 Std. ziehen lassen.

Die restlichen Beinwell-Blätter (die dicken Blattrippen herausschneiden) in eine flache Schüssel legen. Den marinierten Käse darübergeben und zugedeckt nochmals 1 Std. kühlstellen. Vor dem Servieren mit jungen Beinwell-Blättern und -Blüten dekorieren.

Genuss am Wegesrand

DELIKATESSEN AUS WALD UND FLUR

Gertrud Möstl ist Restaurantfachfrau, Hauswirtschaftsmeisterin und Kräuterpädagogin.

Wann und wie kam's zur Idee, ein Café zu eröffnen?
Gertrud Möstl: Am 28. August 2010 haben wir eröffnet, nachdem ich bei Kräuterführungen gefragt wurde, warum wir nicht noch mehr anbieten. Damit man bei uns die Idylle und die Natur genießen kann, ist nach und nach die Idee für das Hofcafé Villa Möstl gereift.

Das heißt, Sie stehen am Herd?
Mit Unterstützung der Familie und von Mitarbeiterinnen. Als Familienbetrieb wollen wir Natur und Tradition verbinden. Also backe ich Brot nach dem Rezept meiner Uroma, Kuchen und Torten werden ebenfalls selbstgemacht, genauso wie Gelees, Marmeladen, Aufstriche. Dazu haben wir immer eine kleine Tageskarte mit Brotzeit und warmen Gerichten oder Salaten. Kräuter kommen aus der Natur oder aus dem Garten und wandern direkt in die Küche.

Und die Kräuterkurse gibt es weiterhin?
Von April bis September finden Kräuterführungen mit anschließender Kräuterbrotzeit statt. Viele wissen heute nicht mehr, dass die Natur so vieles bietet. Die Teilnehmer sind überrascht, dass man eine riesige Salat- oder Suppenschüssel nur mit Natur füllen kann.

Welche Kräuter finden Verwendung?
Bärlauch natürlich, Löwenzahnblätter vor der Blüte, Spitzwegerich und die gute, alte Brennnessel. Viele Blüten sind essbar und gesund, wie zum Beispiel Gänseblümchen, Veilchen und sogar Löwenzahn.

Das bedeutet, Sie können »ernten ohne zu säen«?
Ja genau und das kann jeder, man muss nur die Pflanzen ganz sicher bestimmen können und achtsam sammeln. Man nimmt nur dort viel, wo auch viel wächst.

ESSBARE BLÜTEN | Sie duften, schmecken, verzieren und bringen den Frühling auf den Tisch.

15

Frühlingsgenuss pur – spazieren gehen, am Bach entlang schlendern, Wildkräuter sammeln und daraus diese Delikatesse zubereiten.

WILDKRÄUTERSALAT MIT GEBRATENEN KNOSPEN

einige Handvoll Wildkräuter
wie Löwenzahn, Giersch,
Brunnenkresse, etwas
Bärlauch
Bärlauchstiele
Blüten zum Dekorieren
Löwenzahnknospen

2 EL Butter
50–100 g Speck
3 EL Sonnenblumenöl
3 EL Nussöl
3 EL Apfelessig
Salz
Pfeffer

Die Wildkräuter putzen, waschen und trockenschleudern. Die Bärlauchstiele, also das harte untere Ende, fein hacken, das ist dann »Zwiebelersatz« und sieht aus wie fein gewürfelte Schalotten. Für das Dressing die Öle und den Apfelessig vermischen, mit Salz und Pfeffer abschmecken.

Die Löwenzahnknospen in etwas Butter braten, leicht salzen. Den Speck würfeln und in einer weiten Pfanne ohne weitere Zugabe von Fett auslassen und braten, bis die Würfelchen knusprig sind.

Salat in einer Schüssel mit dem Dressing vermischen und hübsch anrichten, dann mit den Blüten dekorieren und mit den gebratenen Knospen sowie Speckwürfelchen sofort servieren.

Die beiden folgenden Rezepte kann man auch mit den Knospen anderer essbarer Blüten machen. Die Löwenzahnknospen aber schmecken sehr fein, beinahe nussig und man hat schnell ein paar Handvoll gesammelt.

LÖWENZAHN-OLIVEN

2–3 Handvoll Löwenzahn-Knospen
2 EL bestes Olivenöl
1 Schuss Rotwein oder Sherry
Salz

1 EL Olivenöl in eine Pfanne geben, gut erhitzen. Dann die Knospen unter Rühren braten, bis sie eine olivenähnliche Farbe bekommen. Mit Wein oder Sherry ablöschen; wenn die Flüssigkeit verdampft ist, vom Herd nehmen. Mit Salz und weiterem frischen Olivenöl würzen. Lauwarm oder kalt servieren. Auch für dieses Gericht ist es sehr wichtig, wirklich gutes Extra Vergine Olivenöl zu verwenden.

Auch die richtigen Kapern sind Knospen der wunderschönen Kapern-Blüten. Möglichst klein und fest geschlossen sind sie am besten. Man kann Löwenzahn- oder Bärlauch-Knospen verwenden, edel sind Gänseblümchen-Kapern.

KNOSPEN-KAPERN

350 g Blütenknospen
1 l Wasser
100 g Salz
1 TL Pfefferkörner
1 TL Koriandersamen
1 TL Fenchelsamen
1 EL Zucker
¼ l Apfel- oder Weißweinessig

1 Liter Wasser mit 100 g Salz aufkochen. Die Blütenknospen in eine Schüssel geben, mit der heißen Salzlake übergießen und mit einem Teller beschweren. 2 Tage ziehen lassen. Dann die Knospen in ein Sieb abgießen, gut abspülen und in Gläser füllen. Je 1 TL Pfefferkörner, Koriander- und Fenchelsamen mit Zucker und Essig aufkochen. Diese Flüssigkeit heiß über die Blütenknospen in die Gläser gießen und diese sofort verschließen. Danach umdrehen und kühl und dunkel nochmals 2–3 Wochen durchziehen lassen.

Frohe Ostern!

ENDLICH FRÜHLING | Gefeiert wird mit Osterlamm und einem bunten Osterbrunch. Dazu gehören verzierte Eier von glücklichen Hühnern, gefärbt mit Naturfarben.

Osterlamm und Muffins sind aus demselben Teig. Die nussigen Muffins schmecken das ganze Jahr, nicht nur zu Ostern.

Auch wenn es ein wenig Mühe macht … Das Lächeln von Groß und Klein zum Osterbrunch macht alles wieder wett.

OSTERLAMM UND HASELNUSS-MUFFINS

Für 2 Osterlamm-Formen oder 12 Muffins:

180g Karotten	*150g Haselnüsse, gemahlen*
3 Eier	*230g Mehl*
120g Zucker	*3 TL Backpulver*
150 ml mildes Rapsöl	*Butter und Semmelbrösel*
120 ml Orangensaft	*für die Form*

Karotten putzen und fein raspeln.

Den Ofen auf 175 °C Ober-/Unterhitze vorheizen.

Eier mit Zucker dicklich aufschlagen. Öl und Saft zugeben. Zuerst geraspelte Karotten und Nüsse, dann das Mehl mit Backpulver rasch unterrühren.

Lamm- oder Muffinformen fetten und mit Semmelbröseln ausstreuen, Teig einfüllen und ca. 40 – 45 Min. backen (Stäbchenprobe!).

Nach dem Abkühlen mit Puderzucker bestäuben, die Lämmer mit Glöckchen und Osterfahne, die Muffins ganz nach Lust und Laune verzieren.

OSTERKÜKEN UND RADIESCHENMÄUSE

Osterküken	**Radieschenmäuse**
4 Eier	*schöne Radieschen*
2 TL mittelscharfer Senf	*Pfefferkörner*
2 TL Mayonnaise	
Salz, weißer Pfeffer	
1 Karotte	
Pfefferkörner	

Für die Mäuse von schönen Radieschen den Boden abscheiden, daraus zwei runde Abschnitte schneiden. Schlitze für die Ohren mit einem spitzen Messer vorritzen, die beiden Scheiben als Ohren und die Pfefferkörner als Augen eindrücken.

Für die Küken die Eier hart kochen, abkühlen lassen. Dann quer zickzackförmig einschneiden. Deckel abheben und die Dotter herauslösen. Dotter mit den anderen Zutaten in einer Schüssel mit einer Gabel gut vermischen, abschmecken. Karotte schälen, dünne Scheiben für Füße und Schnabel abschneiden. Aus der Dottermasse Kugeln formen und wieder in die Eiweißhüllen zurückgeben. Wie auf dem Foto dekorieren.

Die schönen Eier haben wir am Stand von Renate Wecker auf dem Wochenmarkt in Utting entdeckt.

OSTEREIER MIT FARBEN AUS DER NATUR

Zwiebelschalen von roten oder gelben Zwiebeln
hübsche Blätter oder Blüten
dehnbarer Stoff, z. B. eine Feinstrumpfhose
etwas Öl

Zwiebelschalen (am besten einige Zeit vorher sammeln) über Nacht in Wasser einweichen. Den Sud aufkochen und rund 15 Min. ziehen lassen. Dann die Eier hineingeben und in ca. 10 Min. hart kochen. Topf vom Herd nehmen und weiter ziehen lassen, dann wird die Farbe intensiver. Eier aus dem Sud heben, trocken werden lassen und mit etwas Öl einreiben, dann glänzen sie schön.

Für die Muster vorher Blätter auf die noch weißen Eier legen, mit einem Strumpf fixieren und gut zuknoten, dann wie oben verfahren.

Tipp: Brennnesselblätter tauchen die Eier in zartes Gelbgrün, Blaukrautblätter oder Rote Bete färben rot, Karotten verleihen ein schönes Orange.

Der wilde Lech

LEBENSRÄUME FÜR MENSCH UND TIER

WILDFLUSS | Der obere Lech ist einer der letzten Wild-flüsse der Nordalpen. In den bunten Lechkieseln spiegelt sich die geologische Vielfalt der Berge.

Zurück zur Natur?

ANTWORTEN VOM LECHEXPERTEN

Kaum jemand hat sich mit dem Lech von der Quelle bis zur Mündung so beschäftigt wie der Naturwissenschaftler Eberhard Pfeuffer. Mehrere Bücher und Bildbände entstanden. Hier ein kleiner Einblick.

Wie kommt man auf den Lech? Ist er ein besonderer Fluss?
Eberhard Pfeuffer: Nach wie vor ist das Lechtal einzigartig. Das betrifft nicht nur den Tiroler Lech, die letzte Wildflusslandschaft der Nordalpen, sondern auch die Landschaft von Füssen bis zur Donau mit ihren Mooren, Heiden und Auwäldern. Und es gilt auch für die Orte am Lech, besonders für die Städte Füssen, Landsberg und Augsburg, die ohne den Fluss nicht denkbar sind.

Der »Lech« als Skulptur am Augsburger Augustus-Brunnen hat einen wilden, welligen Bart. Um die Hüften hat ihm der Renaissancekünstler Hubert Gerhard ein Wolfsfell geworfen. Wenn ich jetzt am Lech entlang gehe, kommt er mir eher vor wie eine Reihe von Seen. Was ist passiert und warum?
Von allen Alpenflüssen Bayerns war der Lech aufgrund seines hohen Gefälles der reißendste. In alten Schriften ist immer wieder vom »wellenschlagenden« Lech die Rede. Das Wolfsfell um seine Hüften ist Symbol für seine Wildheit. Heute ist der bayerische Lech »gebändigt«. Er ist eine Folge von Stauseen, ein »Hybridgewässer«, nicht Fluss, nicht See. Zunächst hatte man im ausgehenden 19. und insbesondere im 20. Jahrhundert aus Hochwasserschutzgründen und zur Landgewinnung den Wildfluss kanalisiert. Ab 1940 folgte der Staustufenbau zur Erzeugung von Elektrizität, und dies so dicht wie an keinem anderen bayerischen Fluss.

Sie schreiben, obwohl sehr viel durch die Verbauungen zerstört wurde, gibt es noch viel zu erhalten bzw. zu retten.
Die Verbauung des Lechs brachte für die Anrainer wesentliche Vorteile. Gleichzeitig ging mit dem Wildfluss und seinen Auen ein Naturraum verloren, der zu den artenreichsten in Mitteleuropa zählte. Gleichsam als Erbe des alten Lechs sind uns die berühmten Lechheiden, einige Quellfluren und letzte Auwälder geblieben. Ihre

zugehörige Pflanzen- und Tierwelt ist auch heute noch europaweit bedeutend. Ihr Erhalt gilt als besondere Herausforderung für den Naturschutz. Eine Voraussetzung dafür ist, dass der Fluss wieder natürlicher, d. h. lebendiger wird. Dies ist wichtigste Zielsetzung des anstehenden Flussbauprojekts »Licca liber«, durch das der Fluss – zunächst von der Staustufe 23 bis zur Mündung in die Donau – »renaturiert« werden soll.

Entlang des Lechs gibt es viele, sehr gute Fischzuchten. Wie gut ist die Wasserqualität?

Die Wasserqualität des Lechs gilt als gut. Allerdings finden die für den Wildfluss typischen Fische wie Bachforelle, Äsche, Barbe, Nase und Huchen als »Kieslaicher« in dem heute verschlammten Flussgrund keine Möglichkeit zum Ablaichen. Zudem können sie in dem durch Wehre »verriegelten« Fluss nicht mehr wandern.

LEBENSRAUM | Für Tiere und Pflanzen wie Eisvogel oder Perlmutterfalter, Huchen oder Zwerg-Glockenblumen

Ist oder war Lechfischerei ökonomisch bedeutend für die Anrainer? Gibt es heute Fische im Lech?

Die Lechfischerei war im unverbauten Lech ein wichtiger Erwerbszweig. »In ungeheuren Zügen«, so heißt es in alten Berichten, kamen in jedem Frühjahr die Nasen, und mit ihnen auch Barben und Huchen, von der Donau her zu ihren Laichplätzen im Lech. Jährlich fing man in Augsburg bis zu 40 000 Nasen.

Heute wird der Fischbestand des Lechs überwiegend durch »Besatz« erhalten. Es ist aber für das erwähnte Flussbauprojekt »Licca liber« eine wichtige Vorgabe, für die Lechfische, die erwähnten »Kieslaicher«, wieder natürliche Lebensgrundlagen zu schaffen.

Stichwort Lechtallamm – wie wichtig ist Schafhaltung oder Wanderschäferei für das Lechtal?

Die berühmten Lechheiden sind durch die frühere Wanderschäferei entstanden. Schafe halten die Landschaft frei, sie transportieren in ihrem Fell Samen und Kleintiere und nicht zuletzt liefern sie mit ihrem Fleisch ein wertvolles Nahrungsmittel. Deshalb war es dem Naturschutz ein wichtiges Anliegen, diese Jahrtausende alte Tradition einer artgerechten Tierhaltung und ökologisch sinnvollen Landnutzung wieder einzuführen.

Was wünschen Sie dem Lech?

Er soll zumindest streckenweise etwas wilder werden, damit Fische wieder wandern und ablaichen können, Auwälder neu entstehen und Erholungssuchende wieder eine natürliche Flusslandschaft mit der nur ihr eigenen Pflanzen- und Tierwelt erleben können.

Diese Vorspeise gehört zu denen, die »viel hermachen«, aber wirklich kaum Arbeit verursachen.

FORELLEN-MOUSSE

200g Forellenfilet
Olivenöl
½ Becher Crème fraîche
Saft und Abrieb einer Bio-Zitrone
Salz, weißer Pfeffer, etwas Chili
einige Sardellenfilets in Öl
etwas Dill
Salatblätter zum Anrichten

Fischfilet in Olivenöl sanft dünsten, nicht anbraten! Abkühlen lassen. Am besten noch lauwarm mit einer Gabel zerpflücken. Crème fraîche dazugeben. Mit Salz, weißem Pfeffer, etwas Chili, Zitronensaft und -abrieb abschmecken. Im Kühlschrank 1 Std. durchziehen lassen. Nochmals abschmecken und mit etwas frischem Olivenöl bester Qualität beträufeln.

Die Mousse nun auf Salatblättern anrichten, mit einem zusammengerollten Sardellenfilet und den Kräutern garnieren. Mit warmem Toastbrot als Vorspeise reichen.

Tipp: Man kann dieses Rezept mit fast jedem Fisch machen, mit Renke, Lachsforelle oder auch Meeresfischen.

Sieht komplizierter aus, als es ist. Der Vorteil der Terrine: man kann, man muss sie sogar vorbereiten und hat dann Zeit, sich um die Gäste zu kümmern. Sie reicht als Vorspeise für 8–10 Personen.

TERRINE VON DREIERLEI FISCHEN IN MANGOLD

ca. 500 g Mangold
1 Lachsforellenfilet
1–2 Forellenfilets
1 Zanderfilet
(insgesamt ca. 1 kg Fisch)
Abrieb einer Bio-Zitrone
1 Ei, hart gekocht
etwas Schnittlauch, Dill
    oder Estragon
⅛ l Fischfond
2–3 Blatt Gelatine
Salz
weißer Pfeffer
Chili

Zunächst die Fischfilets von eventuell noch vorhandenen Gräten befreien. Sie sollten absolut makellos sein.

Die geputzten und vom Stiel befreiten Mangoldblätter in reichlich Salzwasser blanchieren. Herausheben, sofort in Eiswasser legen, damit die Farbe erhalten bleibt, abtropfen lassen und anschließend auf einem Geschirrtuch ausbreiten, so dass eine Matte entsteht. Eine Terrinenform von ca. 1 Liter Fassungsvermögen damit auskleiden, die Blätter sollten gut über den Rand hinausstehen.

Das Ei sowie die Kräuter fein hacken, die abgeriebene Zitronenschale dazugeben und alles gut vermischen. Nun die Fischfilets nacheinander in die Form betten, dazwischen mit Ei-Kräuter-Zitronenmischung bestreuen. Die Gelatine 5 Min. in kaltem Wasser einweichen. Gut ausdrücken. Den Fischfond erhitzen, Gelatine darin auflösen. Sehr kräftig mit Salz, Pfeffer und Chili abschmecken, der Fond sollte überwürzt schmecken. Dann in die Terrine gießen und mit den überstehenden Mangoldblättern gut verschließen.

Die Form nun ins heiße Wasserbad stellen und bei 175 °C im Ofen garen. Die Dauer hängt von der Dicke der Terrine ab: Für 4 cm rechnet man 5 Min. Die Terrine dann abkühlen lassen und anschließend mindestens 4 Std. in den Kühlschrank stellen.

Zum Servieren mit einem sehr scharfen Messer in Scheiben schneiden und mit Salat oder Kräutern garnieren. Eine mit Zitrone und Kräutern gewürzte Crème fraîche schmeckt sehr gut dazu.

27

Einen Fisch roh zu beizen, ist eine uralte Konservierungsmethode. Aus Schweden kennt man den Grav-lax. So wie in Skandinavien der Lachs können auch andere Fische gebeizt werden. Hierzulande nimmt man Saibling, Forelle oder Lachsforelle.

CARPACCIO VOM GEBEIZTEN SAIBLING MIT KRÄUTERN

1 schöner großer Saibling von
  ca. 700g
20g Meersalz
15g Zucker
1 TL grob zerstoßene Pfeffer-
  körner
3 – 4 EL gehackter Dill oder
  Fenchelgrün
Zesten einer Bio-Zitrone

Dressing
1 Eigelb
2 EL Blütenhonig
50 ml Sonnenblumenöl
50 ml Olivenöl
2 EL Crème fraîche
Saft und Abrieb einer Bio-
  Zitrone
Salz, etwas Fenchelgrün

Gewürze und fein gehackte Zitronenzesten mischen. Fisch von allen Gräten befreien und sauber parieren, die Haut aber belassen. Ein Filet mit der Hautseite nach unten in eine entsprechend große Form legen, mit der Gewürzmischung bestreuen. Das andere Fischfilet genau darüberlegen. Mit Folie bedecken und mit einem schweren Gegenstand (z. B. einer Tomatendose) beschweren. Im Kühlschrank etwa 48 Std. durchziehen lassen, den Fisch dabei mehrmals wenden.

Zum Servieren grobe Kräuterstücke entfernen, die Fischfilets schräg mit einem sehr scharfen Messer in dünne Scheiben schneiden. Dachziegelartig anrichten, eventuell mit frischen Kräutern be-streuen und mit dem Dressing servieren.

Für das Dressing sollten alle Zutaten Zimmertemperatur haben. Das Eigelb mit dem Honig in einen Pürierbecher geben und ver-rühren. Dann die beiden Ölsorten langsam mit dünnem Strahl unter ständigem Mixen mit dem Pürierstab dazugeben bis eine cremige Konsistenz erreicht ist. Danach die Crème fraîche, den Zitronenabrieb und etwas Zitronensaft sowie Salz dazugeben. Abschmecken. Am Schluss das fein gehackte Fenchelgrün unter-heben.

Eine frühlingshaft-leichte Vorspeise. Für Gäste, die keinen Fisch mögen, nimmt man für die Kugel einfach Rindercarpaccio.

LACHSFORELLENKUGEL MIT SALAT

1–2 Lachsforellenfilets, geräuchert oder gebeizt
1 Fenchelknolle
6 Radieschen
1 Karotte
1 Stange Bleichsellerie
einige Handvoll gemischte Frühlingssalate

Salat waschen, trockenschleudern, Gemüse putzen. Dann die Radieschen in feine Streifen, Karotte und Bleichsellerie in kleine Würfelchen schneiden. Den Salat mit einigen Gemüsewürfelchen und etwas Dressing (nebenstehendes Rezept) mischen.

Das Fischfilet schräg in möglichst große, aber sehr dünne Scheiben schneiden. Jeweils auf einer Folie etwas überlappend so auslegen, dass Kreise von ca. 12 cm Ø entstehen.

Nun die Fenchelknolle quer in sehr dünne Scheiben schneiden (das geht am besten mit einer Aufschnittmaschine), wie auf dem Foto anrichten und vorsichtig salzen.

Auf die Fischscheiben etwas Salat geben und mit der Folie zu einer Kugel formen. Vorsichtig in die Mitte der Fenchelscheiben setzen und mit den restlichen Gemüsewürfeln anrichten. Mit Fenchelgrün dekorieren und mit Dressing würzen.

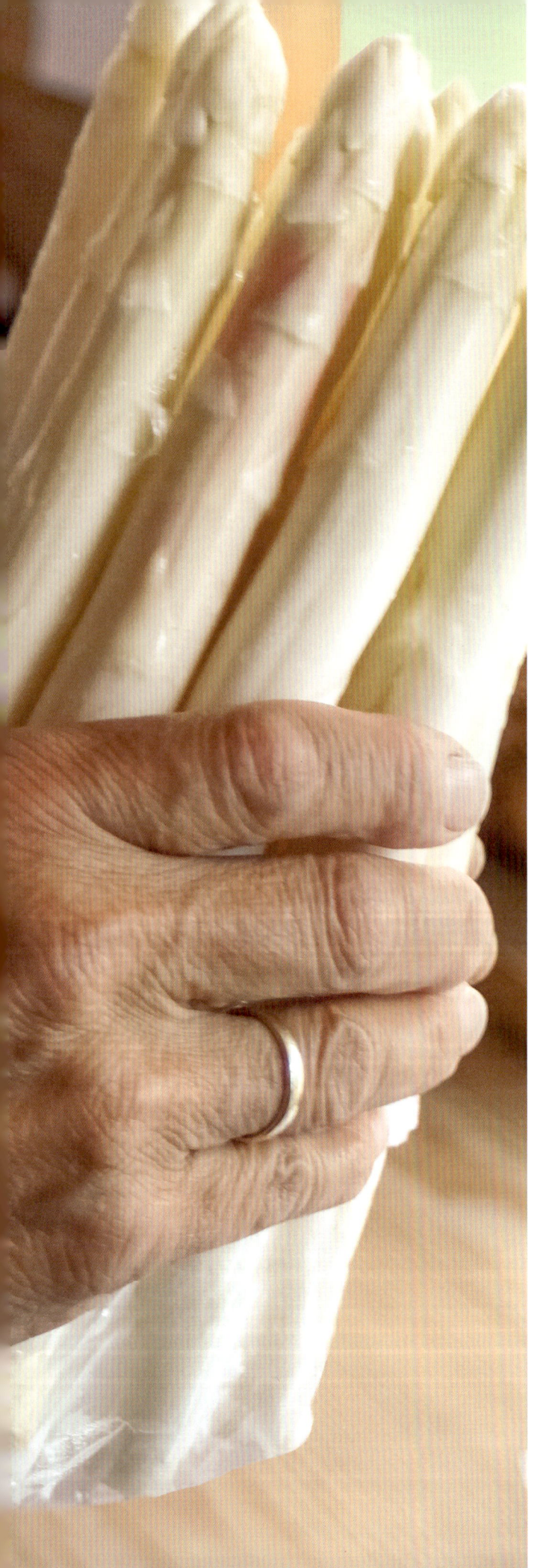

Rezepte vom Spargelstand

DAS EDELGEMÜSE IM URLAUB

Beinahe hätte es diese Seiten nicht gegeben, denn die Frage bei den ersten zwei Ständen nach dem besten Spargelrezept, dem Lieblingsrezept der Familie, lautete: »Ganz klassisch. Ich koche den Spargel in Salzwasser mit einer Prise Zucker, dazu Butter und Schinken oder eine Sauce Hollandaise …«. Das schmeckt in der Tat gut, aber das Rezept kennt jeder. »Ich mag den grünen Spargel schon, aber mein Mann mag lieber den weißen.« Aber wir haben nicht aufgegeben und schon beim dritten und vierten Stand sprudelten die Rezepte. So manchem merkt man an, dass die Spargelbauern und Standlfrauen auch im Urlaub das edle Gemüse essen.

DIE BESTEN TIPPS RUND UM SPARGEL

Allen gemeinsam war: Spargel unbedingt so frisch wie möglich verwenden, Spargelschalen und holzige Enden auf jeden Fall auskochen und diesen »Spargelfond« für Suppen und Soßen verwenden. Er ist auch die ideale Brühe, um einen Spargelrisotto aufzugießen. So saugen die Reiskörner den Spargelgeschmack ein.

Es intensiviert auch den Geschmack des Gemüses, wenn man statt Salzwasser den Fond zum Kochen der Stangen verwendet. Was ebenfalls den Geschmack – und die Vitamine – erhält ist Dämpfen. In einen ausreichend großen Topf gibt man einen Dämpfeinsatz und legt die geschälten Stangen darauf. Mit einem Deckel gut verschließen und knackig gar dämpfen.

Ebenfalls im eigenen Saft gart Spargel auf französische Art »en cocotte« oder »en papillote« – in der Terrinenform oder in Pergamentpapier. Dazu den Spargel verzehrfertig vorbereiten, eine Prise Salz sowie Zucker und reichlich Butterflöckchen dazu. Form oder Päckchen gut verschließen und im Backofen bei 200 °C ca. 40 – 45 Min. garen. Auf jeden Fall erst am Tisch öffnen, damit jeder in den Genuss des unvergleichlichen Duftes kommt. Dazu serviert man Weißbrot, mit dem man die verführerische Spargelbutter aufsaugen kann. Herrlich!

Das Relish passt ebenso zu Hühnchen, Entenbrust, Wild oder Ziegenkäse. Die Panade umhüllt auch Zucchini, die man nur längs vierteln und nicht vorkochen muss.

GEBRATENER SPARGEL MIT MANGO-ERDBEER-RELISH

Relish

250 g reife Mango
150 g Erdbeeren
60 g Frühlingszwiebeln, geputzt
*2 – 3 TL Mango-Senf, ersatz-
    weise süßer Senf*
3 EL weißer Balsamico
6 EL Sonnenblumenöl
Salz, Pfeffer

Spargel

500 g weißer Spargel
Salz, Zucker
1 Bund Rauke (ca. 50 g)
80 g Parmesan, frisch gerieben
3 Eier
1 EL Sesam
4 EL Mehl
Cayennepfeffer
10 EL Sonnenblumenöl

Die Frühlingszwiebeln putzen und in Stücke schneiden, Erdbeeren putzen, Mango schälen und in großen Stücken vom Stein lösen. Alles in sehr kleine Würfelchen schneiden und vermischen. Senf, Balsamico und das Öl dazugeben und unterheben. Mit Salz und Pfeffer abschmecken und das Relish bis zum Servieren im Kühlschrank aufbewahren.

Geschälten Spargel (die Enden abschneiden) in kochendem Salzwasser mit 1 Prise Zucker 5 Min. garen. Spargel herausheben und erkalten lassen. Die Rauke putzen, waschen und trockenschleudern.

Für die Panade Parmesan, Eier und Sesam mit 1 EL Mehl verquirlen. Mit Salz und Cayennepfeffer würzen. Restliches Mehl auf einen flachen Teller geben und die Spargelstangen darin wälzen, überschüssiges Mehl abklopfen. Spargelstangen dann rundherum in der Panade wälzen.

Das Öl in einer Pfanne erhitzen (am besten 2 Pfannen benutzen) und den Spargel bei mittlerer Hitze rundherum goldbraun braten. Kurz auf Küchenpapier abtropfen lassen. Gebratenen Spargel auf Rauke mit dem Relish anrichten und sofort servieren.

Tipp: Andrea Wilkening (> S. 83) nimmt den Mango-Senf von Münchner-Kindl aus Fürstenfeldbruck. »Der ist genial«, meint sie.

Eine wunderbare Vorspeise, die sich gut vorbereiten lässt.

»Das gibt's bei mir in der Spargelzeit fast jeden Tag«, meint die Frau am Spargelstand.

ZWEIERLEI SPARGELSALAT

weißer Spargelsalat
300 g weißer Spargel
2 EL Weißwurstsenf
1 EL Zitronensaft
2–3 EL Sonnenblumenöl
Salz, weißer Pfeffer
etwas gemahlener Chili

grüner Spargelsalat
300 g grüner Spargel
2 EL Joghurt
2 EL Crème fraîche
2–3 EL Olivenöl
2 EL Schnittlauchröllchen
Salz, weißer Pfeffer
etwas Abrieb einer Zitrone

Für den weißen Spargelsalat alle Zutaten des Dressings gut verrühren und abschmecken. Spargel schälen und die Stangen roh in dünne Scheiben schneiden. Mit dem Dressing vermischen, eine ½ Std. durchziehen lassen.

Die grünen Spargelstangen nur an den unteren Enden schälen. Wasser zum Sieden bringen, salzen und ca. 1 EL Zucker zufügen. Spargel knapp gar kochen, so dass er noch Biss hat; herausheben und abtropfen lassen. Schnittlauchröllchen für die Soße mit den restlichen Zutaten verrühren und abschmecken.

Grünen Spargel auf einen Teller geben, mit Olivenöl benetzen und mit der Kräutersoße anrichten. Weißen Spargelsalat daneben setzen. Dazu passen ein wachsweich gekochtes Ei und frisches Weißbrot.

SPARGEL AUS DEM OFEN

Spargel, weiß und grün
Kartoffeln
Olivenöl, Butter
Salz, Zucker
Ingwer
weißer Balsamico
Parmesan
Garam Masala, Curry

Weißen Spargel schälen und die holzigen Enden entfernen, vom grünen Spargel nur das untere Drittel schälen. Kartoffeln schälen und halbieren oder längs vierteln. Die Kartoffelstücke sollten nicht zu groß sein, damit sie mit dem Spargel zusammen fertig werden. Alles auf ein gefettetes Backblech legen. Kartoffeln und den grünen Spargel mit Olivenöl übergießen, auf den weißen Butterflöckchen geben. Alles salzen, den Spargel außerdem mit etwas Zucker bestreuen. Ingwer schälen, fein würfeln und über beide Spargelsorten streuen. Im Ofen ca. 20 Min. bei 180 °C backen.

Mutige würzen nun den grünen mit weißem Balsamico und Parmesan, den weißen mit Garam Masala oder Curry.

Auch in Südtirol wird Spargel angebaut. Und selbstverständlich entstehen daraus Nocken.

Ein kleiner Ausflug nach Italien – am besten eignet sich dafür Vialone Nano aus dem Veneto.

SÜDTIROLER SPARGELNOCKEN

200g Spargel (weiß oder grün)	*100g Quark*
¼ l Spargelfond	*2 Eier*
1 Schalotte	*Muskatnuss*
1 EL Butter	*Salz, Pfeffer*
200g Knödelbrot	*50g Parmesan*
⅛ l Milch	*zerlassene Butter*

Spargel in Stücke schneiden und in Spargelfond (gewürzt mit Salz und Zucker) knapp gar kochen. Spargelstücke gut abtropfen lassen. Schalotte würfeln und in Butter andünsten, Milch dazugeben, leicht erwärmen. Flüssigkeit über das Knödelbrot gießen und durchziehen lassen. Eier, Quark und die Spargelstücke zugeben, mit Salz, Pfeffer und frisch geriebener Muskatnuss abschmecken. Etwa eine ½ Std. quellen lassen. Ist die Masse zu feucht, ggf. mit etwas Semmelbröseln binden. Kleine Nocken formen und in Salzwasser etwa 10 Min. garen. Mit zerlassener Butter und frisch geriebenem Parmesan servieren.

SPARGELRISOTTO

1 weiße Zwiebel	*Salz*
200g Risottoreis	*weißer Pfeffer*
1 Glas Weißwein	*Muskatnuss*
400g Spargel	*Schnittlauch*
50g Butter	*50g Parmesan, frisch gerieben*

Spargel schälen, aus den Schalen in ca. 30 Min. einen Spargelfond kochen. Nicht salzen! Spargel in ca. ½ cm dicke Scheiben schneiden, die Köpfe ganz lassen.

Zwiebel fein würfeln und in etwas Butter andünsten. Risottoreis dazugeben und mitdünsten. Mit dem Wein ablöschen und den Wein etwas verkochen lassen. Etwa die Hälfte der Spargelstücke zugeben, mit Spargelfond angießen. Das Risotto leise köcheln lassen, ab und zu umrühren und wenn nötig, weiteren Spargelfond zugießen. Nach etwa 10 Min. die restlichen Spargelstücke zugeben und vorsichtig salzen. Spargelspitzen mit Salz und einer Prise Zucker würzen und separat in Butter anbraten. Wenn der Risotto gar ist (die Körner sollten noch bissfest sein), den geriebenen Parmesan unterrühren und mit den gebratenen Spargelspitzen servieren.

Vom Feld in die Küche

EIN BESUCH BEI DER BIOLANDGÄRTNEREI ALBRECHT

ERNTEGLÜCK | Ob Mairübchen, Salatvielfalt, knackige Radieschen oder Kohlrabi – im Frühling erfreut frisches Grün.

Ob sie das Laub von den Radieschen entfernen soll, fragt Annette Albrecht fröhlich. Ich lache und sage: »Ja bitte, ich hab keine Kaninchen und mein Kater frisst sowas nicht.« Annette lächelt und sagt: »Mach doch Pesto draus.« Ich runzle die Stirn etwas – Pesto? Aus Radieschenblättern? »Ja klar«, meint sie, »schmeckt super. Du nimmst Sonnenblumenkerne, röstest sie in der Pfanne an, bis sie duften. Dann pürierst du die Radieschenblätter mit etwas Parmesan und gutem Olivenöl.« Seither gibt es im Frühling Radieschenpesto-Crostini. Pesto Bavarese sozusagen, das auch als Nudelsoße schmeckt.

Es ist nicht mehr viel los in der Markthalle in Dießen, es ist schon Mittag, also ratschen wir weiter. Ihr Mann Werner sei erst kürzlich mit einem Arm voller Kohlrabiblätter in die Küche gekommen.

»Mach was draus«, habe er gesagt. »Ich hatte noch einen Rest Hühnchen und Tomatensoße. Ich hab einfach die Kohlrabiblätter blanchiert, mit dem Fleisch und der Soße in eine Auflaufform gepackt, etwas Feta drauf und kurz in den Ofen.« Die ganze Familie sei glücklich gewesen. »Unsere Liste der Gemüseteile, die, zumal in Bio-Qualität, viel zu schade für den Kompost sind, wird immer länger.« Zitronen und Orangen etwa werden vor dem Auspressen geschält, die Schale in kleine Stückchen geschnitten und getrocknet. Ein wunderbares Gewürz für Fisch und Gemüse. Aus Blumenkohlblättern werden Delikatessen (> S. 94) und Karottengrün würzt Suppen.

Gärtnervorteil – wenn es viele Zucchini gibt, kann man die ganz kleinen Früchte ernten, die noch Blüten haben.

Ein Gärtnerfamilien-Sonntagsessen: Gefüllte Zucchiniblüten, den feinen Lachs und frische Erdbeeren mit Sahne!

GEFÜLLTE ZUCCHINIBLÜTEN

Füllungen jeweils für 4–6 Zucchiniblüten:

Füllung 1
2 EL Zucchini, gebraten
2 EL Crème fraîche
einige Kapern
50 g Hähnchenfleisch oder Fischfilet (gekocht oder gebraten)
Salz, weißer Pfeffer

Füllung 2
1 Kartoffel, gekocht
1 Schuss Milch
zarter Knoblauch (wenig!)
3 EL Parmesan, frisch gerieben
etwas Muskatnuss
1 Handvoll Basilikumblätter

Füllung 1: Hähnchenfleisch oder Fisch fein zerkleinern. Mit den weiteren Zutaten vermengen und abschmecken.

Füllung 2: Die Kartoffel mit etwas Milch mit einer Gabel zerquetschen. Basilikum und Knoblauch fein hacken. Mit den weiteren Zutaten vermengen und abschmecken.

Von den Zucchiniblüten vorsichtig den wattigen Stempel entfernen und etwas Füllung hineingeben. Brät man die Zucchini in der Pfanne, empfiehlt es sich, die Blüten mit einem Schnittlauchhalm zu verschließen. Man kann sie aber auch im Ofen mit Käse überbacken.

LACHS MIT GEMÜSESUGO

4 Lachsstücke à 150 g
etwas Butter, Zitrone

Sugo
400 g stückige Tomaten
Zwiebel, Karotte und Sellerie, gewürfelt
Weißwein, Salz, Pfeffer
1–5 Zehen frischer, junger Knoblauch
einige Handvoll frische Kräuter, z. B. Thymian

Für den Tomatensugo Olivenöl in einer tiefen Pfanne erhitzen, Zwiebel-, Karotten- und Selleriewürfel glasig dünsten. Mit einem Schuss Weißwein ablöschen, Tomaten dazugeben. Bei niedriger Hitze einkochen lassen. Dann einige Handvoll frische Kräuter sowie den Knoblauch dazugeben und abschmecken.

Fisch auf den Tomatensugo setzen, Butterflöckchen sowie eine Scheibe Zitrone drauflegen. Mit einem Deckel verschließen und ca. 5 Min. garen. Mit Fenchelgemüse und kleinen Kartöffelchen servieren.

Tipp: Der Fenchel wird einfach geviertelt, blanchiert und mit Butter verfeinert.

Navets heißen die Mairübchen auf Französisch. In Frankreich sind sie ein beliebtes Gemüse, bei uns nahezu unbekannt.

MAIRÜBCHEN-SALAT MIT ROTEM RETTICH UND GURKE

einige Mairübchen
1 Gurke
1 roter Rettich

Alle Gemüse dünn hobeln, etwas salzen. Dann ein wenig Sahne darübergeben – mehr nicht.

Tipp: Mairübchen sind ein sehr feines, mildes Gemüse, im Geschmack zwischen Kohlrabi und Rettich. Man kann sie roh als Salat essen oder gekocht servieren. Gut schmecken sie, wenn man sie – eventuell zusammen mit anderem Frühlingsgemüse wie Zuckerschoten oder grünem Spargel – in der Pfanne anbrät. Dazu Olivenöl in eine Pfanne geben, erhitzen, Gemüse in mundgerechte Stücke schneiden und zugeben. Etwas salzen und zum Schluss mit einer Prise Zucker karamellisieren.

Man kann aus Mairübchen auch Suppe machen. Annette gibt noch ein, zwei Kartoffeln dazu, das macht die Suppe sämiger. Dazu schmeckt Weißbrot und »unbedingt ein gutes Glas Wein«, so die Gärtnerin.

Statt der Kohlrabiblätter kann man auch Wirsing, Grün- oder Schwarzkohl für das Pesto verwenden.

KOHLRABI-ZITRONEN-PESTO

Blätter von 3–4 Kohlrabi
1–2 junge Knoblauchzehen
⅛ l Olivenöl
Abrieb einer Bio-Zitrone
frische Kräuter wie z. B. Estragon oder Zitronenmelisse
etwas Salz, Pfeffer aus der Mühle

Blätter waschen, von den Blattrippen befreien und in reichlich kochendem Wasser ca. 5–10 Min. kochen, bis sie weich sind. Anschließend aus dem Kochsud heben, in ein Sieb geben und sofort mit sehr kaltem Wasser abschrecken. Die blanchierten Kohlrabiblätter gut ausdrücken. Knoblauchzehen schälen und ebenso wie die Kohlrabiblätter fein hacken. Alles zusammen mit dem Olivenöl in einen Pürierbecher geben, gut durchmixen und mit Salz, Pfeffer, Zitronenabrieb und Kräutern abschmecken.

Tipp: Das Pesto würzt natürlich auch Pastagerichte. Man kann es mit Pinienkernen oder Mandeln sowie Parmesan anreichern. Spart man mit dem Öl und nimmt mehr Nüsse, ist es ein wunderbarer Brotaufstrich!

Die Piroggen kann man mit Pilzen (> S. 165), mit Räucherfisch oder nur mit Kräuterquark füllen.

Zum Wegwerfen sind zarte, frische Kohlrabiblätter aus dem Garten oder vom Biogärtner viel zu schade.

PIROGGEN MIT KRÄUTERFÜLLUNG

Füllung	**Teig**
200 g trockener Quark	*300 g Mehl*
1 Ei	*½ TL Backpulver*
1 EL saure Sahne	*½ TL Salz*
Salz, Pfeffer, Muskatnuss	*1 Ei*
ca. 50 g Kohlrabiblätter	*80 g Butter*
2–3 EL gehackte Kräuter	*⅛ l saure Sahne*
(z. B. Estragon, Petersilie,	
Zitronenmelisse)	*1 Ei, etwas Milch*

Mehl mit Backpulver vermischen, in die Mitte Salz, die weiche Butter, Sahne und das Ei geben und schnell zu einem glatten Teig verkneten. Zu einer Kugel formen und 45 Min. kühlen.

Für die Füllung die Kohlrabiblätter wie im Rezept »Pesto« vorbereiten, dann alle Zutaten verrühren, abschmecken.

Das Ei trennen, Eiweiß bereitstellen.

Nun den Teig etwa 3 mm dick ausrollen, Quadrate oder Kreise ausstechen. Etwas Füllung daraufsetzen, den Rand mit Eiweiß bestreichen, zusammenklappen und z. B. mit einer Gabel gut zusammendrücken. Eigelb mit etwas Milch glattrühren. Die Piroggen damit bestreichen und ca. 20 Min. bei 200 °C backen.

KOHLRABI-SUPPE

Blattstiele von 3–4 Kohlrabi
1–2 Kartoffeln
etwas Suppengemüse wie z. B. 1 Karotte,
*   1 Stange Bleichsellerie, ½ Stange Lauch*
⅛ l Sahne
Salz, Pfeffer, Chilipulver

Kartoffeln schälen, in Würfel schneiden. Im Kochsud der Kohlrabiblätter (siehe Pesto) die kleingeschnittenen Blattrippen weich dünsten. Suppengemüse würfeln, ein wenig davon für die Dekoration aufheben. Den Rest sowie die Kartoffelwürfel zur Suppe geben und köcheln lassen, bis das Gemüse weich ist. Die Suppe mit dem Pürierstab durchmixen, die Sahne zugeben, erneut aufmixen und mit den Gewürzen abschmecken.

Zum Anrichten in die Mitte einen Klecks Pesto geben, die Gemüsewürfelchen darüberstreuen und sofort servieren.

Gut dazu passen auch in Butter gebratene Brotwürfelchen, die man am besten zur Suppe serviert, und jeder bedient sich nach Gusto.

Tipp: Selbstverständlich kann man die Suppe auch mit Kohlrabiknollen machen!

Maibaum & Rhabarber

FRÜHLINGSFEST MIT KUCHENBUFFET

Auch wenn's hierzulande manchmal noch schneit am ersten Mai: Es ist das erste Frühlingfest im Dorf. Und eine ernste Sache, denn zunächst einmal muss ein passender, möglichst stattlicher Baum ausgesucht und geschlagen werden. Eine über 30 Meter hohe Fichte ist es diesmal in Dettenhofen, einem Dorf bei Dießen im schönen Hinterland des Ammersees. Ist der Baum geschlagen und geputzt, muss er bewacht werden. Maibaumstehlen gehört zum Brauch, doch die Dettenhofener haben gut aufgepasst.

Am 1. Mai frühmorgens beginnt die nicht ganz ungefährliche Arbeit der Männer im Dorf: Der Baum muss aufgestellt werden. Und dies geschieht auch heute noch zum größten Teil von Hand. Viel Erfahrung ist dazu nötig, kein Fehler darf passieren. Mit gekreuzten Stangen heben die Männer den Baum in die Höhe. Bis er steht, ist es fast Mittag und dann wird gefeiert. Auch die Frauen im Dorf haben schon seit dem Vortag alle Hände voll zu tun. Denn zur Maifeier gibt es zwar selbstverständlich auch Bier und Bratwürste, aber hier in Dettenhofen kommt ein prächtiges Kuchenbuffet dazu. Fast 30 hausgebackene Kuchen und Torten zählen wir. Klassiker und Familienrezepte, darunter viele Kreationen mit Rhabarber. Und der stammt zumeist aus dem eigenen Garten der Bäckerinnen. Aus Rhabarber kann man Kompott, Kuchen, Limo und Marmelade machen, daher ist er aus keinem Bauerngarten wegzudenken. In Dettenhofen jedenfalls gehören Maibaum und Rhabarber zusammen.

Man kann die Limo auch mit Sekt aufgießen und hat einen herrlichen Frühlings-Aperitif.

RHABARBER-LIMO

500 g roter Rhabarber
150 g Zucker
2 l Wasser

Die Stangen ungeschält in ca. 1 cm lange Stücke schneiden. Mit dem Zucker in einen Topf geben, durchrühren und etwas ziehen lassen. Dann mit 2 Liter kochendem Wasser übergießen und 2 Tage im Kühlen stehen lassen. Abfiltern und gut gekühlt servieren.

Tipp: Hat man genügend Rhabarber, kann man auch nur die Schalen für die Limo verwenden. Wer es nicht so süß mag, nimmt weniger Zucker.

Der Kuchen schmeckt auch gut mit Johannis- oder Stachelbeeren. Die Mandeln kann man auch durch Kokosraspeln ersetzen.

Dieser Kuchen schmeckt mit Rhabarber pur, mit einer Mischung aus Rhabarber und Brombeeren oder auch mit Johannisbeeren.

RHABARBERTARTE MIT MANDELMÜRBTEIG

Teig
200g Mehl
2 EL gemahlene Mandeln
70g Zucker
1 Prise Salz
1 Ei
100g kalte Butter

Belag
600g Rhabarber
2–3 EL Zucker

Baiser
3 Eiweiß
120g Puderzucker
Grieß oder Semmelbrösel

Aus den Zutaten für den Teig einen Mürbteig herstellen, eingewickelt kühlstellen.

Rhabarber schälen, in kleine Stücke schneiden, zuckern und 2 Std. in einem Sieb ziehen und abtropfen lassen.

Mürbteig dünn ausrollen, eine Tarte-Form damit auskleiden und ca. 16 Min. blindbacken (175 °C Umluft). Dann etwas Grieß oder Semmelbrösel auf den Boden streuen, Rhabarber daraufgeben und ca. 20 Min. backen (ebenfalls bei 175 °C). In der Zwischenzeit 3 Eiweiß zu Eischnee schlagen, Zucker dabei nach und nach zugeben. Kuchen mit dem Schnee bestreichen und weitere 12–15 Min. weiterbacken.

RHABARBER-PUDDING-STREUSELKUCHEN

500g Rhabarber
ca. 2 EL Zucker

Rührteig
100g Butter
70g Zucker
1 Pck. Vanillezucker
2 Eier
80g Schmand
180g Mehl
2 TL Backpulver

Pudding
380g Milch
30g Zucker
1 Pck. Vanillepudding-
* pulver*
120g Schmand

Streusel
150g Mehl
65g Zucker
75g Butter

Den Rhabarber wie in nebenstehendem Rezept vorbereiten. Für den Rührteig die zimmerwarmen Zutaten verrühren, in eine gefettete Springform geben und 15 Min. im vorgeheizten Ofen (180 °C) backen. In der Zwischenzeit aus Milch, Zucker und Puddingpulver einen Pudding kochen. Den Schmand dazugeben und unterrühren. Aus Mehl, Zucker und Butter Streusel herstellen. Den Pudding auf den vorgebackenen Kuchen streichen, den Rhabarber und die Streusel darauf verteilen und bei gleicher Temperatur weitere 40 Min. backen.

BAUERNHOFIDYLLE | Ob Haustiere oder Nutztiere, bei Rauchs werden sie alle gut behandelt und haben ein schönes Leben.

Marlies Rauch führt uns auf dem Hof herum. Noch sind die Limousin-Rinder im Stall – aber bald kommen sie hinaus auf die Weide. Die warme Jahreszeit ist nah. Die Lämmer sind schon draußen, laufen ihren Müttern hinterher, trinken Muttermilch und knabbern hier und da das neue, zarte Grün. Die Schweine liegen faul im Stall und gucken neugierig, als wir kommen. Nachdem sie merkten, dass wir kein Futter dabeihaben, stapfen sie raus in ihr Freigehege und suhlen sich im Schlamm. Herrliches Schweineleben, zwar kurz, aber rundum bestens. Bio-Futter, Auslauf, mit Stroh eingestreuter Stall – da kann so manche Mastsau nur davon träumen. »Unsere Schweine werden mit sieben Monaten geschlachtet, sie sind damit mehr als doppelt so alt wie konventionelle Mastschweine«, sagt Marlies. Für die gilt: »Hundert Kilo in hundert Tagen«, gutes Fleisch stammt aber von langsam gemästeten Tieren, die artgerecht gehalten werden.

Inzwischen duftet es herrlich aus der Küche, es geht auf Mittag zu. Mit Opa, Oma, einem Mitarbeiter und der Tochter dürfen wir uns zu Marlies setzen und genießen. Uns fällt Wilhelm Busch ein, der offensichtlich ein Liebhaber eines guten Bratens war – der von Marlies hätte ihm sicher geschmeckt.

Es wird mit Recht ein guter Braten
Gerechnet zu den guten Taten;
Und daß man ihn gehörig mache,
Ist weibliche Charaktersache.

Das Bratenstück sollte mindestens 2 kg, besser noch 2,5 kg wiegen, auch wenn man für vier Personen nur etwa 1 kg Fleisch rechnet. Doch auch kalter Braten schmeckt hervorragend, z.B. dünn aufgeschnitten mit Zwiebeln und Kürbiskernöl. Ein Tipp noch von Marlies Rauch: Wenn der Braten nicht im Ganzen serviert wird, ist es einfacher, die Einschnitte in die Schwarte parallel zum Anschnitt zu machen.

RAUCHS SCHWEINEKRUSTENBRATEN

ca. 2 kg Braten aus der
*   Keule*
Röstgemüse wie
*   1–2 Zwiebeln,*
*   1–2 Karotten,*
*   ¼ Sellerieknolle,*
*   1 Paprika,*
*   1 Stange Lauch*
Salz, Pfeffer
Kümmel
1–2 Knoblauchzehen,
*   geschält und gehackt*
ca. ¾ l Bratenfond
*   (siehe Tipp)*
1–2 EL Speisestärke

Fleisch mit Salz und Pfeffer würzen, mit Knoblauch einreiben. Die Schwarte mit einem sehr scharfen Messer rautenförmig einschneiden. Röstgemüse putzen und in Stücke schneiden. Das Gemüse in eine Bratreine geben, den Braten mit der Haut nach unten darauflegen. Brühe angießen. Bei ca. 200 °C in den Ofen schieben. Nach etwa einer ½ Std. den Braten drehen, so dass die Haut oben liegt, und die Temperatur auf 160 °C herunterschalten. Den Braten nun hin und wieder mit dem Bratenfond übergießen. Insgesamt braucht der Braten etwa 2,5 Std. Dann ist die Kruste herrlich knusprig und das Fleisch butterzart. Marlies kontrolliert die Kerntemperatur mit einem Fleischthermometer, sie sollte knapp 80 °C betragen.

Nun bettet Marlies den Braten um und schiebt ihn wieder in den Ofen. Für die Soße wird das Röstgemüse mit dem gesamten Fleischsaft vorsichtig durch die Flotte Lotte gedreht. So kommen kleine Stücke des Gemüses in die Soße. Die Speisestärke in kaltem Wasser auflösen, die Soße damit binden, nochmals gut durchköcheln lassen. Mit Salz, Pfeffer und eventuell etwas Kümmel abschmecken.

Tipp: Wenn bei Rauchs Schweine geschlachtet werden, fallen viele Knochen an, die alle verwertet werden. Marlies kocht die Knochen ganz einfach mit Wasser aus (Knochen mit Wasser bedecken, mindestens 2 Std. köcheln lassen) – ganz ohne Salz und andere Gewürze, so kann man das Extrakt für alles verwenden, meint Marlies. Das Extrakt kann entweder eingefroren werden oder es wird in Gläser abgefüllt und sterilisiert.

46

Ein Klassiker der bayerischen Küche. Sollte etwas übrig bleiben, schneidet man die Knödel am nächsten Tag auf, garniert sie mit Salat und Dressing und zaubert daraus »Semmelknödelcarpaccio« > S. 164.

Marlies' Geheimnis: Sie nimmt den milderen Spitzkohl und würzt mit weißem Balsamico. Schon wird aus einem bodenständigen Gericht eine kleine Delikatesse.

SEMMELKNÖDEL AUS DEM DAMPF

400 g Knödelbrot	*Salz, Pfeffer*
ca. ¼ l Milch	*Muskatnuss*
1 Zwiebel, fein geschnitten	*1 Bund Petersilie,*
3 Eier	*fein geschnitten*

Zwiebel in etwas Butter andünsten, mit der Milch aufgießen. Ist die Milch lauwarm, alles vorsichtig über das Knödelbrot geben. Zunächst nur einen Teil der Milch zufügen, durchziehen lassen. Nun die Eier zugeben und den Knödelteig vermengen. Dabei nicht zu sehr kneten. Ggf. noch restliche Milch einarbeiten. Teig mit Salz, Pfeffer, etwas Muskatnuss und Petersilie würzen. Nun Knödel formen und in einen weiten Topf mit Dämpfeinsatz geben, dann über kochendem Wasser ca. 15– 20 Min. dämpfen.

Tipp: Statt der Petersilie kann man im Frühling auch Bärlauch oder gemischte Wildkräuter nehmen, im Sommer z. B. Möhrengrün oder Liebstöckel. So gewürzt, mit flüssiger Butter und geriebenem Käse serviert, schmecken die Knödel auch als eigenes Gericht prima.

BAYRISCH KRAUT

1–2 Köpfe Spitzkohl	*1 TL Zucker*
1 Zwiebel	*Salz, Pfeffer*
2 EL Butterschmalz	*Kümmel*
1 EL Speisestärke	*weißer Balsamico*

Zwiebel fein hacken, in Butterschmalz bei sanfter Hitze hell andünsten, keinesfalls bräunen! Mit etwas Zucker karamellisieren. Dann den in mundgerechte Stücke geschnittenen Kohl unterheben, mitdünsten. Mit sehr wenig Wasser ablöschen und etwa 20 Min. dünsten. Speisestärke in kaltem Wasser auflösen, zum Kraut geben, nochmals gut durchkochen lassen. Mit Salz, Pfeffer, Kümmel und etwas weißem Balsamico würzen.

Schützen durch nützen

ARTENREICHTUM FÜR MENSCH UND TIER

Jutta Kotzi ist diplomierte Landschaftsplanerin am Institut für Agrarökologie der Bayerischen Landesanstalt für Landwirtschaft (LfL) und darüber hinaus auch Kräuterpädagogin.

Was sind »Kräuterpädagogen«?
Jutta Kotzi: Kräuterpädagogen absolvieren eine Ausbildung, in der sie das Bestimmen und achtsame Verwenden von essbaren Wildpflanzen erlernen. Wichtig dabei ist, einen Bezug zu unserer Umgebung zu schaffen, denn nur was wir kennen, schützen wir auch. In diesem Zusammenhang entstanden auch die LfL-Broschüren »Essbare Wildkräuter« und »Lamm und Wildkräuter« sowie die Initiative »Wild und Wildkräuter«.

Welche Idee steckt hinter der Broschüre »Lamm und Wildkräuter – ein regionaler Genuss«?
Schafhaltung und Wildkräuter sind eng miteinander verbunden. Meine Kollegin Kerstin Tautenhahn und ich wollten über Schafhaltung in Bayern im Zusammenhang mit artenreichem Grünland informieren und das Thema zusätzlich mit Rezepten schmackhaft machen.

Wiesen und Weiden können sinnvoll nur durch Nutzung erhalten werden. So werden Schafe auch eingesetzt um besondere Grünlandtypen wie Wacholderheiden zu erhalten. Ohne Nutzung würden diese Flächen verbuschen. Seltene Pflanzen- und somit auch Insektenarten würden verschwinden.

ARTENREICHTUM | Eine Vielfalt von blütenreichen Kräutern ist Nahrung für Bienen und Schafe.

Schafe fressen also Wildkräuter und wir Menschen genießen Schaf- oder Lammfleisch, das wir mit Wildkräutern gut kombinieren können. Die Idee war, über ökologische Zusammenhänge zu informieren. Denn auch hier: Nur durch Nutzung können die Schafhaltung sowie vom Aussterben bedrohte Schafrassen erhalten bleiben. Dabei ist es uns sehr wichtig gewesen, alle Teile des Tieres in der Küche zu verwenden. Vielen Menschen fehlt heute das Wissen, dass zum Beispiel mit Knochen eine wunderbare Brühe gekocht werden kann.

Und der regionale Genuss kommt zudem noch ohne lange Transportwege aus – Schaf oder Lamm vom Nachbarn, es muss nicht um den ganzen Globus geflogen werden.

Wie wichtig sind Blumenwiesen?
Mit Blumenwiesen meinen Sie sicher artenreiches Grünland. Dieser Ausdruck ist mir wesentlich lieber, denn unter Blumenwiesen verstehen viele Blumenmischungen aus der Tüte, die gar nichts mit den artenreichen Wirtschaftswiesen, die für eine bestimmte landwirtschaftliche Nutzung entstanden sind, zu tun haben. Diese artenreichen Wiesen sind selten geworden. Durch eine intensivere Nutzung, das heißt höhere Stickstoffgaben und 5–6-maligen Schnitt pro Vegetationsperiode, geht der Kräuterreichtum zurück. Artenreiches Grünland gehört weltweit zu den Vegetationstypen mit der höchsten Biodiversität. Und Vielfalt erhält Leben.

Zwei ausgezeichnete Marinaden für Lammfleisch vom Grill. Sie passen auch zu Grillgemüse wie Zucchini oder Paprika und zu anderem Fleisch.

HONIG-ROSMARIN-MARINADE

Abrieb einer Bio-Zitrone
2 Zweige Rosmarin
150 g Honig

Rosmarinnadeln abstreifen und fein hacken. Zusammen mit dem Zitronenabrieb unter den Honig rühren. Diese Marinade sollte vor Verwendung einen Tag durchziehen, dadurch wird das Aroma intensiver.

GRILLMARINADE FÜR LAMMKOTELETTS

1 Bund Minze oder Zitronenverbene
*   oder beides gemischt*
3 EL Zitronensaft
3 EL Löwenzahn-Sirup oder flüssiger Honig
⅛ l Olivenöl
1 Msp. Kardamom

Kräuter vorbereiten, fein schneiden. Mit allen anderen Zutaten vermischen.

Köstlich knusprig sind Brennnesselsamen. Wer keine hat, nimmt gehackte, geröstete Haselnüsse oder Sesamsamen.

Dieses Rezept ist ein gutes Beispiel dafür, dass auch das Fleisch von älteren Schafen in der Küche Verwendung findet, nicht nur das von Lämmern.

LAMMKEULE MIT KNUSPERKRUSTE

1 Lammkeule
3 EL Dost-Blätter, fein geschnitten
2 EL Brennnessel-Samen
2 Wacholderbeeren, fein zerstoßen
schwarzer Pfeffer aus der Mühle
4 EL Olivenöl

1 TL Honig
3 Zwiebeln
4 Pastinaken
4 Karotten
etwas Olivenöl
Wildkräutersalz

Aus Dost-Blättern, Brennnessel-Samen, Honig, Wildkräutersalz, Wacholderbeeren, etwas frisch gemahlenem Pfeffer und 4 EL Olivenöl eine Paste rühren. Die Keule mit der Paste rundherum einreiben und mehrere Std. im Kühlschrank durchziehen lassen.

Alle Gemüse putzen und in Stücke schneiden, mit Olivenöl und Kräutersalz würzen. Mit der Lammkeule zusammen in einen Bräter geben und bei 160 °C Umluft im Ofen 1,5 Std. braten. Die Lammkeule zwischendurch mit dem entstehenden Bratensaft vorsichtig übergießen, damit sich die Kruste nicht löst, und das Gemüse wenden.

Dann die Temperatur auf 180 °C erhöhen und weitere 20–30 Min. braten, damit die Keule außen knusprig wird. Die Keule ist gar, wenn sie sich leicht vom Knochen löst.

LAMMLEBER-TERRINE MIT HONIG

500 g (Lamm-)Leber
350 g Fleisch (z. B. aus der Schulter)
1 EL Salz
1 Prise Kümmel, gemahlen
Pfeffer aus der Mühle
1 Prise Muskatnuss
2 Eier

60 ml Öl
1 süßer Apfel, geschält, gewürfelt
Kräuter wie z. B. Thymian oder Rosmarin
1 Schuss Orangenlikör oder Cognac
Honig

Die kleingeschnittene Leber durch die mittlere Scheibe des Fleischwolfs drehen. Salz und Gewürze zugeben und alles mit einem Pürierstab vermischen, dann die Eier einarbeiten.

Danach das Fleisch durch den Wolf drehen; falls die Masse zu mager ist, bis zu 60 ml Öl dazugeben. Mit Apfelwürfeln, Kräutern und Likör vermischen. Dann Leber- und Fleischmasse miteinander vermengen, nochmals abschmecken und in eine feuerfeste Form geben. Bei 180 °C 45–60 Min. backen.

Terrine aus dem Ofen nehmen und Honig darauf verteilen, solange sie noch heiß ist, damit er einziehen kann. Warm oder kalt ein Genuss.

Italien lässt grüßen. Für Ossobuco nimmt man Beinscheiben vom Kalb. Nicht minder zart ist die Version mit Lamm und Wildkräutern. Wer keine Wildkräuter hat, würzt das Lamm mit Thymian, Rosmarin und etwas Knoblauch.

WILDWÜRZIGES LAMM-OSSOBUCO

1,2 kg Lamm-Beinscheiben
  (ca. 3 cm dick)
Wildkräutersalz
schwarzer Pfeffer aus der
  Mühle
2 EL Mehl
Olivenöl
2 Zwiebeln, fein gewürfelt
¼ l Weißwein
250 g Bundmöhren mit
  Grün
1–2 Pastinaken, gewürfelt
250 g Tomaten, passiert
1 unbehandelte Zitrone
1 Handvoll Knoblauch-
  rauke
1 Handvoll Grün der
  Bundmöhren
1 Handvoll Giersch
5 Blätter Gundermann
4 Sardellenfilets

Die Beinscheiben salzen, pfeffern und in Mehl wenden. Damit sie sich beim Anbraten und Schmoren nicht aufwölben, außen mit Küchengarn fixieren. Im gut heißen Olivenöl auf beiden Seiten anbraten. Die Hitze etwas reduzieren, Zwiebeln zugeben und glasig dünsten. Nun den Weißwein angießen, salzen und pfeffern und das Fleisch bei geschlossenem Deckel auf kleiner Hitze 1 Std. garen.

In Scheiben geschnittene Bundmöhren, die Pastinaken und das Tomatenpüree zugeben und eine weitere Std. schmoren.

Währenddessen die Zitronenschale abschälen, in feine Streifen schneiden und dann fein hacken. Die Wildkräuter und Sardellenfilets hacken und mit der Zitronenschale mischen.

Das Gericht mit Salz und Pfeffer abschmecken. Die Wildkräutermischung kurz vor dem Servieren über die Beinscheiben streuen.

Dazu passt Reis oder Brot (z. B. Focaccia).

Tipp: Wer keine oder nur einen Teil der Wildkräuter hat, ergänzt mit Petersilie und Oregano.

Es lohnt sich, eine Sülze selber zu machen. Das ist gar nicht schwer und eine schöne Überraschung für Gäste.

LAMMSÜLZE

400 g Lammkochschinken oder kalter Lammbraten
Gemüse wie Karotten oder Blumenkohl, gewürfelt
*   und blanchiert*
Essiggurken
getrocknete Blüten
500 g Sülze (Sülzenstand vom Metzger) **>** *S. 148*

Kochschinken oder Braten in Würfel von ca. 1 cm Kantenlänge schneiden und in eine Schüssel geben. Das Gemüse in mundgerechte Stücke schneiden, zum Fleisch geben und alles mischen. Auch die Blüten zugeben.

Den Sülzenstand im Wasserbad erwärmen, zwei Drittel davon auf die Zutaten gießen und 1 Std. kaltstellen. Ist die Lammsülze fest, den restlichen Sülzenstand als Abschluss darauf gießen, damit alle Zutaten luftdicht abgedeckt sind. Bis zum Verzehr in den Kühlschrank stellen.

Um die Lammsülze aus der Schüssel zu lösen, ganz kurz in warmes Wasser stellen. Dann auf eine Platte stürzen. Hält abgedeckt im Kühlschrank ca. 14 Tage. Zu Brot oder Bratkartoffeln genießen.

Sommerlaune

EIS AM SEE, KUCHEN IM GARTENCAFÉ, PICKNICK IM PARK.
ES IST SOMMER

Herba Licca

Christine Stedele stammt aus Rott und da ist der Lech nicht mehr weit. HerbaLicca – Lechkräuter – hat sie ihre kleine Firma genannt. Sie verarbeitet (fast) nur Kräuter aus ihrem herrlichen Garten in Dießens Ortsteil Obermühlhausen. Dort experimentiert die studierte Ökonomin mit Pflanzengesellschaften und hat ihre ganz eigene Version eines Kräuterhügels entwickelt. Nur aus Kalksplitt und wirklich nichts anderem besteht er. Und darin kultiviert die Gartenbäuerin mit großem Erfolg mediterrane Kräuter wie Salbei, Thymian, Lavendel und Rosmarin. So überstehen sie sogar hiesige Winter, weil es keine Staunässe gibt. Eine Idee zum Nachmachen.

Christines andere Leidenschaft sind Blumen, voran die edle Rose. Ungespritzte Duftrosen müssen es sein, nur aus ihnen kann man allerlei Leckereien zubereiten. Ihr immenses Wissen gibt sie in Kursen und Gartenführungen weiter. Man lernt Rosenschnitt, sie erklärt die Bedürfnisse verschiedener Kräuter. Mit viel Phantasie entwickelt sie aus den Gartenschätzen kulinarische Genüsse und zeigt, wie sie zubereitet werden. Allerlei Kräutersalze machen einfache Gerichte zu Delikatessen. Andere Kräuter werden zum optimalen Zeitpunkt geerntet und für Tees getrocknet. »Ofenbankerl« ist eine Mischung für die kalte Jahreszeit: Salbei, Thymian, Lindenblüten und Ysop befinden sich darin. Für »Sonnenkinder« ist die Mischung aus Zitronenverbene, Rosenblüten, Ringelblumen, Malve und Kornblume gedacht.

Im Sommer liebt Christine Zitronenkräuter. Das Kräutersalz passt zu Gemüse, Fisch oder Fleisch frisch vom Grill. Herrlich sommerlich.

Der zitronige Sirup würzt auch Salatsoßen und passt zu geraspelten Karotten oder Zucchini. Fein mit Sekt und frischen Kräutern als Aperitif.

ZITRONENKRÄUTER-SALZ

200 g Meersalz, fein oder grob
Abrieb von einer Bio-Zitrone
1 Zweig Rosmarin
5 Blätter Salbei
5 Zweige Zitronen-Thymian
5 Blätter Zitronenmelisse oder Weiße Melisse

Kräuter fein hacken, zusammen mit Zitronenabrieb etwas antrocknen lassen. Mit dem Meersalz mischen und in einem Glas im Kühlschrank aufbewahren.

Das zitronige Salz passt zu Spargel, Fisch, Geflügel und zu Kartoffelgerichten, wie unserem sommerlichen Kartoffelsalat oder zu Grillkartoffeln.

Tipp: Wenn man Kräuter und Zitronenabrieb komplett trocknet, bevor man sie mit dem Salz mischt, muss das fertige Kräutersalz nicht gekühlt werden.

ZITRO-MIX-SIRUP

1 l Wasser
1 kg Zucker
30 g Zitronensäure
1 Bio-Zitrone, in dünne Scheiben geschnitten
1 gute Handvoll Zitronenkräuter wie Zitronenmelisse,
*   Zitronenverbene oder Weiße Melisse*

Wasser und Zucker gemeinsam aufkochen und wieder abkühlen lassen. Zitronensäure, Zitronenscheiben und zerkleinerte Zitronenkräuter dazugeben. Mischung 3 Tage ziehen lassen, dabei regelmäßig umrühren. Dann abseihen, nochmals kurz auf 85 °C erhitzen und in saubere Flaschen abfüllen. Wird der Sirup nicht sterilisiert, sollte man ihn im Kühlschrank aufbewahren.

Tipp: Im Verhältnis 1:10 mit Mineralwasser gemischt, ergibt der Sirup einen erfrischenden Durstlöscher!

Für alle Rosengerichte braucht man Duftrosen – Christines Liebling ist die pinkfarbene »Rose de Resht« mit ihren schönen, gefüllten Blüten.

ROSEN-GELEE

¾ l Wasser
Blütenblätter von 20 Duftrosen (z. B. Rose de Resht)
Saft von einer Zitrone
1 Handvoll rote Johannisbeeren
1 Pck. Gelierzucker 2:1

Duftrosenblüten, Zitronensaft und Johannisbeeren zusammen mit dem Wasser 45 Min. lang kochen. Abseihen, evtl. wieder mit Wasser auf ¾ l Flüssigkeit auffüllen.

Saft mit 500 g Gelierzucker 2:1 nach Packungsanweisung einkochen und in saubere Schraubgläser abfüllen.

Tipp: Schmeckt nicht nur als süßer Brotaufstrich, sondern passt auch gut zu mildem Ziegenkäse!

Brotfisch und Brachsen

BERUFSFISCHEREI AM AMMERSEE

UNABHÄNGIGES HEIMATBLATT FÜR

Wieder Renken bis 200 Gramm

Jahrtag der Ammerseefischer – Jagdrecht soll wieder von Fischern ausgeübt werde

Dießen – Seit Gründung der Fischer-
zunft am Ammeersee 1691 wird am
katholischen Hochfest der Apostel Pe-
ter und Paul, am 29. Juni, der Jahrtag
der Fischer begangen. Zum diesjähri-
gen Fischerfeiertag trafen sich die Berufsfischer des Ammersees traditionell
in Dießen, im Gasthof

den Verzehr von 1,5 Kilogramm Fisch
pro Person im Jahr in Deutschland, haben die Ammeerseefischer rund 23.000
Menschen mit frischem Fisch versorgt,
was der Einwohnerzahl der Gemein-
den rund um den Ammersee entsp

Schonung der jüngeren Renker
gänge dominieren die Fänge der
wertigen vierjährigen Renken.
den bisherigen Erfahrungen spric
les dafür, auch die

FISCHEREIGESCHICHTE | Brachsen haben köstliches Fleisch, aber wegen der vielen Gräten sind sie nicht beliebt.

P aul Gastl schimpft: »Alle wollen nur noch Lachs.« Wir fragen nach den Brachsen und er schüttelt seinen Charakterkopf. »Mit Brachsen bin ich groß geworden. Aber das darfst du ja heute nicht mehr bringen. Renken ja, das geht. Aber Brachsen, auch Karpfen und sogar Hecht wollen die Leute nicht.« Zu wenige jedenfalls sind es, denn ein Paar ordert gerade geräucherte Makrele und Lachs. Eine Forelle nehmen sie dann doch noch mit. Dabei steht in einem Schüsselchen nebendran ganz bescheiden eine Köstlichkeit: Ammersee-Matjes. Das sind Renkenfilets, wie Matjes eingelegt, von ungeahnter Zartheit.

Die Gastls sind Ammerseefischer. Die Klöster Dießen und Andechs waren am See nicht unwichtig für die Entwicklung der Fischerei – wegen der vielen Fastentage brauchte man viel Fisch. Die Fischereirechte wurden und werden von Generation zu Generation vererbt. Daher war auch Irene Schlamps Berufswahl vorgegeben, sie wurde die erste weibliche Fischereimeisterin überhaupt. Ihre Tochter Viktoria tut es ihr nach und bietet im schönen Laden in Herrsching Fisch aus See, Fluss und Meer, dazu Fischsalate, deren Rezepte wir leider nicht bekamen. Dafür lüftete Irene Schlamp das Geheimnis einer guten Fischsuppe und verriet uns ihr Lieblingsrezept mit Zander.

Die Renke ist der Brotfisch, doch wenn geräucherte Brachsen angeboten werden: Greifen Sie unbedingt zu!

Zander ist ein edler, wunderbar fester Fisch. Irene Schlamp bettet ihn gerne auf Paprikagemüse.

Diese delikate Brühe kann als Fond für Fischsoßen oder Fischsülze eingefroren werden.

ZANDER AUF PAPRIKAGEMÜSE

1 Zander
2–3 Paprikaschoten
1–2 Stangen Bleichsellerie
1 EL Korianderkörner
3–4 EL Olivenöl
⅛ l Weißwein
⅛ l Fischfond

Gemüse putzen, Paprikaschoten in Streifen, Bleichsellerie in Scheibchen schneiden. Mit Olivenöl in eine Form geben, in der der Zander Platz hat. Korianderkörner in einer Pfanne trocken anrösten, bis sie duften. Den Zander innen und außen vorsichtig salzen und mit den Korianderkörnern in die Form geben. Dann mit Wein angießen und bei 180 °C in den Ofen schieben. Nach ca. 15 Min. den Fischfond angießen; insgesamt ca. 40–45 Min. garen. Dazu passt am besten frisches Weißbrot.

Tipp: Ganz wichtig dazu, schmunzelt Irene Schlamp, sei ein guter Weißwein und zwar auf dreierlei Art: für die Köchin, für den Fisch und für die Gäste. Auf gar keinen Fall sollte man billigen »Kochwein« zur Soße geben; für eine gute Soße braucht man auch guten Wein!

FISCHSUPPE VON IRENE SCHLAMP

1 kg Fischkarkassen (Fischköpfe, -abschnitte und Gräten)
¼ l Weißwein oder / und 1 Schuss Sherry
1–2 Karotten
etwas Fenchel (Stängel, Fenchelgrün)
1 Stange Bleichsellerie mit Grün
1 Schalotte
½ Stange Lauch (nur das Weiße)
20 g Ingwer
2 Lorbeerblätter
1 TL Pfefferkörner
etwas Thymian
etwas Zitronenschale
ca. 2 l kaltes Wasser

Würzgemüse und Ingwer säubern, in Stücke schneiden. Mit den Fischkarkassen, Wein, Wasser und allen anderen Zutaten in einen großen Topf füllen. Langsam aufkochen lassen. Während des Kochens immer wieder abschäumen, damit der Fond klar bleibt. Insgesamt ca. 1 Std. köcheln lassen. Danach zunächst alle groben Teile entfernen, die Brühe dann durch ein Tuch abseihen, wieder erwärmen und abschmecken.

Tipp: Als Einlagen eignen sich Stücke von Fischfilets (z. B. Forelle, Lachsforelle, Zander), dazu ein paar Gemüsejuliennes (z. B. Lauch- oder Karottenstreifen) sowie Kräuter wie gehackter Estragon oder Schnittlauch.

Es lohnt sich, die doppelte Menge zu machen. Ein wunderbares Rezept für ein Partybuffet.

BISMARCKRENKE

Fisch	**Sud**
6–8 Renkenfilets	¼ l Weißwein
2 EL Salz	¼ l milder Essig
2 Karotten	200 g Zucker
1–2 Stangen Bleich- sellerie mit Grün	½ TL Senfkörner
	2 Lorbeerblätter
2 Zwiebeln in Ringen	1 TL Pfefferkörner

½ Liter Wasser aufkochen, Salz zugeben, erkalten lassen. Die Renkenfilets 1 Std. darin einlegen. Gemüse putzen und in Streifen schneiden. Alle weiteren Zutaten – Zwiebeln ausgenommen – aufkochen, bis sich der Zucker aufgelöst hat. Dann die Zwiebeln zugeben und 5 Min. ziehen lassen, den Sud anschließend erkalten lassen. Die Renkenfilets in ein Glas geben, mit dem Sud übergießen und 2 Tage im Kühlschrank durchziehen lassen.

Zur Brotzeit oder mit Bratkartoffeln servieren.

Tipp: Gut gekühlt halten sich die Fische etwa 5 Tage.

Forelle, Renke, Hecht & Co.

LEIDENSCHAFT FÜR FISCHE

Eva-Maria Schröder ist promovierte Ernährungs-
wissenschaftlerin und liebt Fische. Mehrere Koch-
bücher sind aus dieser Leidenschaft entstanden.

Wie bist du auf den Fisch gekommen?
Eva-Maria Schröder: Ich lebe am Starnberger See und
liebe Fisch. Außerdem befasse ich mich beruflich mit
Ernährung. Verwundert musste ich vor einigen Jahren
feststellen, dass es kein regionales Fischkochbuch gab –
und schon war die Idee geboren, in Zusammenarbeit mit
den hiesigen Berufsfischern eins zu schreiben.

Wovon handeln deine Fischkochbücher?
Inzwischen gibt es neben dem Fischkochbuch vom Starnberger See auch das Fischkochbuch vom Oberland (mit
Ammersee) sowie die vom Chiemsee und vom Boden-
see. In allen Büchern haben jeweils ortsansässige Berufs-
fischerfamilien ihre Lieblingsrezepte für Renke, Hecht &
Co. verraten und eigenhändig gekocht. Ich stand dabei
und habe alles Schritt für Schritt fotografiert. Außerdem
sind in den Büchern Informationen zur Fischerei an
den Seen, ein Einmaleins der Fischzubereitung sowie
Interessantes und Wissenswertes über unsere heimischen
Fische. Dazu findet man die Adressen der Fischerfamilien,
bei denen man die köstlichen Wasserbewohner absolut
frisch beziehen kann.

Was bedeutet: »Der See ist kein Selbstbedienungsladen.«
Worauf sollten Fischer und Fischgenießer achten?
Um den Fischbestand zu schonen, arbeiten die Berufsfischer nach strengen Regeln, was beispielsweise Schonzeiten sowie Anzahl und Maschenweite der Netze betrifft. Außerdem sorgen sie in ihren Bruthäusern für die
regelmäßige Nachzucht der Fische.

Was bedeutet der Fischfang für unsere Seen?
In früheren Zeiten wurde hauptsächlich für Klöster und
Adel gefischt, später immer mehr auch für die Bevölke-
rung. Die heutigen Berufsfischer sind nicht nur Nutzer

der Seen, sondern auch darauf bedacht, diese und deren Fischvielfalt zu pflegen.

Welche Fische gibt es im Ammersee. Sind sie alle das ganze Jahr über verfügbar?
Es tummeln sich über 20 Fischarten in den Seen des Oberlandes, neben der Renke werden auch Hecht, Seeforelle, Seesaibling, Rutte, Aal, Zander, Karpfen, Barsch, Waller (Wels), Schleie, Brachse und andere Weißfischarten gefangen. Die natürliche Lebensweise der Fische in Abhängigkeit von den Jahreszeiten sowie die zur Arterhaltung festgesetzten Schonzeiten bringen es mit sich, dass nicht alle Fische ganzjährig gefangen werden dürfen.

Warum wird die Renke »Brotfisch« genannt? Ist das ein Rezept?
Nein (lacht). Die Bezeichnung leitet sich historisch vom »Broterwerb« der Fischer ab, denn die Renken mach(t)en etwa die Hälfte des Gesamtfangs aus.

Ist Fisch aus unseren Seen eigentlich »bio«?
Im Prinzip ja, allerdings darf er sich nicht so nennen.

Manchmal gibt es viele Renken, die Fischer bieten sie günstig an. Wie kann man sie »konservieren«?
Das Räuchern ist ein uraltes Prinzip zur Haltbarmachung, heute bietet sich zusätzlich das Tiefgefrieren an.

Meeresfisch ist gesund – sind unsere Fische das auch?
Unbedingt! Sie sind eiweißreich, kalorienarm und enthalten wertvolle Fettsäuren, Vitamine und Mineralstoffe. Fisch ist somit auch für Figurbewusste ein leckeres, gesundes Lebensmittel.

Nun zur Zubereitung. Oft liest man »fangfrischer Fisch« – eine Fischerin hat mir aber gesagt, am besten sei er am dritten Tag. Was steckt dahinter?
Fisch soll frisch sein, aber auch nicht zu frisch. »Aus dem Wasser in die Pfanne« führt zu einem Aufplatzen des Fischfleisches, besser ist es, den Fisch einen Tag nach dem Fang zuzubereiten. Und zu frische Filets wölben sich beim Braten in der Pfanne auf und werden bei großer Hitze trocken.

Dein Lieblingsrezept:
Ich mache gerne Fischfondue. Ganz einfach Fischfond mit reichlich sehr fein geschnittenen Gemüsestreifen in einen Fonduetopf geben und Stücke von verschiedenen Fischfilets in speziellen Körbchen darin garen. Dazu Baguette, Salat und verschiedene Saucen – einfach köstlich!

65

»Saltimbocca« bedeutet »spring in den Mund«. Gut dazu passen gebratene Cocktailtomaten und Reis.

Das Rezept stammt von der Fischerei Rieger, die am Walchensee südlich von Kochel zu finden ist.

SALTIMBOCCA VON DER RENKE MIT LIMETTENCREME

Fisch
8 Renkenfilets ohne Haut
8 Scheiben Parmaschinken
frische Salbeiblätter
etwas Olivenöl zum
    Braten

Limettencreme
50g Butter
2 Limetten, Saft
4 EL Crème fraîche
Salz
Pfeffer aus der Mühle

Renkenfilets quer halbieren, kaum salzen. Darauf jeweils ein Stück Schinken sowie ein Salbeiblatt legen und mit einem Zahnstocher feststecken.

Crème fraîche mit Limettensaft cremig rühren und mit Salz und Pfeffer abschmecken.

Fein geschnittenen Salbei in etwas Butter angehen lassen, salzen, kurz vor Schluss die restliche Butter und etwas Limettensaft hinzufügen und aufschäumen lassen. Parallel dazu die Saltimbocca-Päckchen zunächst auf der Schinkenseite in Olivenöl 1–2 Min. braten, wenden, Pfanne vom Herd nehmen und Fisch kurz gar ziehen lassen.

GEFÜLLTE SPECK-RENKEN AUS DEM ROHR

4 bratfertige Renken
Salz, Pfeffer
60g Doppelrahmfrischkäse
2 EL Milch
1 Knoblauchzehe, fein
    gehackt
4 TL Dill, fein geschnitten
4 TL Petersilie, gehackt

100g durchwachsener
    Speck in dünnen
    Scheiben
2 Schalotten, gewürfelt
1 EL Butter
⅛ l Gemüsebrühe
etwas Rosmarin, ge-
    hackt

Backofen auf 200 °C vorheizen.

Renken auswaschen, trockentupfen und innen salzen und pfeffern. Frischkäse mit Milch, Knoblauch und den Kräutern verrühren und die Masse in die Bauchhöhlen der Fische streichen. Renken mit den Speckscheiben umwickeln und nebeneinander in eine feuerfeste Form legen. Im Rohr ca. 35 Min. (je nach Größe) garen.

In der Zwischenzeit die Schalottenwürfel in Butter glasig dünsten und die Gemüsebrühe mit dem Rosmarin 5 Min. in einem offenen Topf leicht einkochen lassen. Brühe zu den Schalottenwürfeln geben und den Sud 10 Min. vor Ende der Garzeit über die Fische träufeln.

Das Lieblingsrezept von Barbara Mastaller-Gastl von der Fischerei Gastl in Dießen am Ammersee

Brathering ist bekannt. Die Fischerei Schnieringer vom Kochelsee nimmt heimische Renken.

RENKENFILETS MIT ZWIEBELN UND CURRY

*8 frische Renkenfilets
    mit Haut
2 mittelgroße Zwiebeln,
    in Ringe geschnitten
eine Handvoll Mandel-
    blättchen*

*⅛ l Sahne
etwas Mehl
Öl oder Butterschmalz
Saft einer Zitrone
Ingwer, gerieben
Curry, Salz und Pfeffer*

Renkenfilets waschen und 10 Min. in den Zitronensaft legen, anschließend herausnehmen, abtupfen und mit Salz, Pfeffer und Curry von beiden Seiten würzen.

Filets in einer Pfanne mit etwas Öl oder Butterschmalz von jeder Seite etwa 2 Min. anbraten, herausnehmen und warmstellen.

Die Zwiebelringe gut in Mehl wenden und in einer Pfanne mit etwas mehr Fett kross braten, herausnehmen. Überschüssiges Fett abgießen, Mandeln und Fisch hinzugeben, Sahne aufgießen, kurz aufkochen und mit geriebenem Ingwer, Curry, Salz und Pfeffer abschmecken. Die krossen Zwiebeln werden auf den Filets angerichtet.

Zu diesem Gericht serviert man gerne Reis oder Nudeln.

BRAT-RENKEN IN ZWIEBELMARINADE

*1 kg kleine Renken
Zitronensaft
Salz, Pfeffer
Mehl für die Panade
Pflanzenöl zum Braten*

Sud
*⅛ l Weißweinessig
2 große Zwiebeln, in
    Ringe geschnitten*

*¼ l Wasser
12 Pfefferkörner
2 Lorbeerblätter
3 EL Senfkörner
3 Gewürznelken
6 Wacholderbeeren
1 EL Salz
1 TL Zucker
Saft einer halben Zitrone
2 EL Speiseöl*

Küchenfertige Fische mit Zitronensaft beträufeln, salzen und pfeffern. Öl erhitzen, Fische in Mehl wenden und goldbraun braten.

Für den Sud alle Zutaten bis auf das Öl in einen Topf geben, einmal aufkochen. Vom Herd nehmen und abkühlen lassen. Die gebratenen Fische in ein geeignetes Gefäß (z. B. Glas) abwechselnd mit den Zwiebelringen schichten, Öl in den Sud geben und lauwarm über den Fisch gießen. Alles muss mit dem Sud bedeckt sein. Mit einem Deckel verschließen und etwa 5 Tage kühlstellen.

Kultur-Stadl Café

MUSIKALISCH-KULINARISCHES JUWEL IM LECHRAIN

Notker Zikeli ist Musiker, Wirt, Koch, Veranstalter. Seit 2013 betreibt er zusammen mit seiner Familie das Kultur-Stadl Café.

Wie kam's zum »Kulturstadl«?

Notker Zikeli: Wir hatten schon lange den Plan, auf einem alten Bauernhof einen Kulturbetrieb zu starten. Nach etlichen Jahren Planung und Genehmigungsverfahren, Überwindung zahlreicher Hürden war es dann im April 2013 so weit. Ich habe quasi am gleichen Tag den Hammer aus der Hand gelegt und die Kaffeemaschine angeworfen.

Stimmt es, dass du Musik studiert hast?

Ja, in der Tat! Fünf Jahre Saxophon am Richard-Strauss-Konservatorium in München. Eine tolle Zeit!

Warum bist du nicht Berufsmusiker geworden?

Nun, anfangs habe ich schon als Berufsmusiker gearbeitet. Aber wie das so ist, dann kommen Kinder, Familie … Das ist dann schwer zu stemmen, wenn du nicht in der ersten Liga dabei bist und ganz ehrlich, schwierig ist es oft selbst dann. Außerdem war ich schlecht darin, mich selbst zu vermarkten. Im Kultur-Stadl habe ich als Veranstalter quasi die Seiten gewechselt und profitiere dabei natürlich von meinen Erfahrungen.

Welche Musik gefällt dir am besten? Gibt es »no gos«?

Als ich 15 war, begann mein Herz für den Jazz zu schlagen und dabei ist es im Wesentlichen geblieben. Privat höre ich auch gerne klassische Musik, sagen wir mal bis zur Mitte des 20. Jahrhunderts. Für

unser Programm erweitere ich gerne diese Kriterien; entscheidend sind für mich zwei Faktoren: Herz und Seele! No go? Ja! Der Mainstream von Antenne und Co.: No heart, no soul!

Welche bekannten Leute haben denn schon im Kultur-Stadl gespielt?
Der weltweit bekannteste Musiker bei mir war sicherlich Don Menza. Ich schätze, nahezu jeder interessierte Jazzmusiker hat schon mal von ihm gehört. Nach Youtube-Klickzahlen sicherlich die Neo-Pop Band »Carrousel« aus der Schweiz. Dann waren auch nationale Größen wie Liederjan, die Fraunhofer Saitenmusik und der Bairisch-Diatonische-Jodelwahnsinn schon bei uns im Stadl.

Wie schafft man es, solche Leute zu kriegen? Rechnet sich das? Für euch bzw. für die Musiker?
Grundsätzlich wollen Musiker ja spielen, da ist die Gage manchmal auch eher zweitrangig, dafür kriegen sie eine Rundum-Versorgung und auch mal ein Bett mit Frühstück. Die meisten schätzen unsere »Wohnzimmer-Atmosphäre«. Für uns sind die Veranstaltungen natürlich ein Gewinn, da wir am Land ja nicht gerade Laufkundschaft zu Gesicht bekommen. Damit die Leute hier rauskommen, musst du schon was bieten.

Was gibt's im Kultur-Stadl außer Musik?
Zuerst mal einen sehr köstlichen Cappuccino aus dem Kaffee der Murnauer Kaffeerösterei. Jeden Tag eine kleine, feine Auswahl an frischen Tages-

gerichten, Sonntagsbrunch einmal im Monat und regelmäßig kulinarische Themen-Abende sowie den romantischen Rahmen für private Feiern. Kulturell außer Musik häufig Kabarett, Lesungen, unseren Weihnachtsmarkt und eine »Sommerakademie« mit Kursen, Vorträgen und mehr.

Kommst du als Wirt noch dazu, Musik zu machen?
Ich habe einen vollen Nachmittag mit Saxophonschülern, da bleib ich selber halbwegs fit, probe zweimal im Monat mit einer etablierten Münchener Big Band und spiele gelegentlich ein paar Gigs. Ehrlich gesagt, zu wenig für meinen Geschmack, aber der Stadl fordert mich momentan auch zu stark und ist eben Nummer 1, zumindest in meiner jetzigen Lebensphase.

Woher kommt die Liebe zum Kochen?
Ob man es glaubt oder nicht, Kochen hat für mich auch was mit Musik zu tun. Schließlich geht es bei beiden auch um Komposition und Improvisation.

Und die Zukunft?
Unsere »Kulinarischen Ausflüge« werden wir intensivieren. Dann steht vor allem das Delegieren verschiedener Arbeitsbereiche auf dem Programm, um meiner Familie, mir und der Musik mehr von einem großen Luxus zu gönnen. Nämlich Zeit!

Stadl liegt im Lechrain, der Fluss stand Pate für den köstlichen Kuchen. Es lohnt sich, vor oder nach dem Cafébesuch die Wallfahrtskirche im nahen Vilgertshofen zu besuchen, ein Juwel, das es mit der Wieskirche aufnehmen kann. Bekannte Künstler wirkten hier: Johann Schmuzer, Johann Baptist Zimmermann und der »Lechhansl« Johann Baader.

KIRSCH-BAISER MIT MANDELN: DIE LECHWELLE

Rührteig
125 g Butter
125 g Zucker
1 Msp. Bourbon-Vanille
4 Eigelb
2 EL Wasser
150 g Mehl
1 TL Backpulver

Füllung
1 Glas Sauerkirschen (oder selbst gekochtes
    Sauerkirsch-Kompott – ca. 400 g)
1 Pck. Vanillepudding-Pulver (zum
    Kochen)
400 ml Sahne
Bourbon-Vanille
1 Pck. Sahnesteif

Baiser
4 Eiweiß
200 g Zucker
100 g Mandelblättchen

2 Springformen, je 26 cm Ø

Für den Teig Butter und Zucker schaumig schlagen, die restlichen Zutaten nach und nach dazugeben und zu einem glatten Teig verarbeiten. Die Böden der beiden Springformen einfetten und jeweils die Hälfte des Teigs in einer Form verstreichen. Für das Baiser Eiweiß und Zucker steif schlagen. Den Eischnee auf beiden Rührteigböden wellig verstreichen. Mandelblättchen darauf verteilen. Beide Böden in den nicht vorgeheizten Ofen schieben und gleichzeitig bei 160 °C Umluft 40 Min. backen. Abkühlen lassen.

Für die Füllung etwas Saft von den Sauerkirschen mit dem Puddingpulver verrühren. Kirschen mit restlichem Saft zum Kochen bringen. Angerührtes Puddingpulver einrühren, aufkochen und erkalten lassen. Sahne mit Vanille und Sahnesteif steif schlagen.

Die Hälfte der Sahne auf einen Boden geben, Kirschen darauf verteilen. Restliche Sahne auf die Kirschen streichen und den zweiten Boden aufsetzen.

Manche Musiker, so das Kultur-Stadl-Team, kommen auch wegen der Kuchen und Torten. Lechwelle oder Tiramisutorte stehen oft auf der Wunschliste der Künstler. Alle Kuchen werden mit frischen Zutaten selbst gebacken, entweder von Wirtin Ingrid, der Mutter oder von einigen Frauen aus dem Dorf.

TIRAMISUTORTE À LA KULTUR-STADL

Biskuit

3 Eier
90g Zucker
3 EL warmes Wasser
2 EL Kakao
35g Mehl
35g Stärkemehl
Butter für die Form

Tiramisucreme

Löffelbiskuits
100 ml Espresso
500g Mascarpone
125g Puderzucker
150 ml Eierlikör
150 ml Amaretto
2 Pck. gemahlene Gelatine
½ l Sahne

Für den Biskuitboden Eier trennen. Eigelbe mit den anderen Zutaten gut verrühren. Eiweiße schaumig schlagen und vorsichtig unterheben. Den Boden einer Springform mit Butter fetten, Teigmasse einfüllen und 20 Min. bei 170°C Ober-/Unterhitze backen. In der Form auskühlen lassen.

Für die Creme Mascarpone, Zucker und die Liköre schaumig aufschlagen; die gemahlene Gelatine nach Packungsanleitung quellen lassen und auflösen. Sahne steif schlagen, 1 EL mit der Gelatine verrühren und dann mit dem Rest Sahne vermischen. Sahne unter die Creme heben. Löffelbiskuits mit Kaffee benetzen. ⅓ der Creme auf dem Tortenboden verteilen, mit Löffelbiskuits belegen, dann das zweite Drittel aufstreichen und nochmal mit Biskuits belegen; den Rest der Creme darübergeben und glatt verstreichen. Am besten im Kühlschrank über Nacht durchziehen lassen. Vor dem Servieren eine dünne Schicht Kakao, gerne mit Muster, darübersieben.

Die Bergkäse-Nocken gehören zu Notkers Lieblingsgerichten. Sein Geheimnis: Er verfeinert die kleinen Knödel mit würzigem Bergkäse.

SPINAT-BERGKÄSE-NOCKEN

1 kg Blattspinat
50 g geriebener Bergkäse
1 Frühlingszwiebel
1 Knoblauchzehe
½ Bund Petersilie
4 EL Butter

150 g Knödelbrot
2 EL Mehl
2 Eier
Muskatnuss, frisch gerieben
100 g Parmesan, frisch
    gerieben

Spinat waschen, putzen und in Salzwasser kurz blanchieren. Abgießen, sofort mit eiskaltem Wasser abschrecken, gut auspressen. Frühlingszwiebel fein schneiden. Geschälten Knoblauch und Kräuter fein hacken, in 1 EL Butter kurz dünsten. Zusammen mit dem Spinat nochmals zerkleinern.

Die Spinatmischung zum Knödelbrot geben und mit 1 EL Mehl, dem Bergkäse und den Eiern verkneten. Mit Salz und Muskat abschmecken. 10 Min. quellen lassen.

In einem großen Topf Salzwasser aufkochen, Probenocke formen, in Mehl wenden und 5 Min. sanft kochen lassen. Sollte der Teig zu weich sein, noch etwas Mehl unterkneten. Die Nocken ca. 15 Min. gar ziehen lassen.

Nocken mit einem Schaumlöffel herausheben. Restliche Butter zerlassen. Die Nocken mit Parmesan und der zerlassenen Butter servieren.

Bauernmarkt im Sommer

REGIONALES EINKAUFSVERGNÜGEN

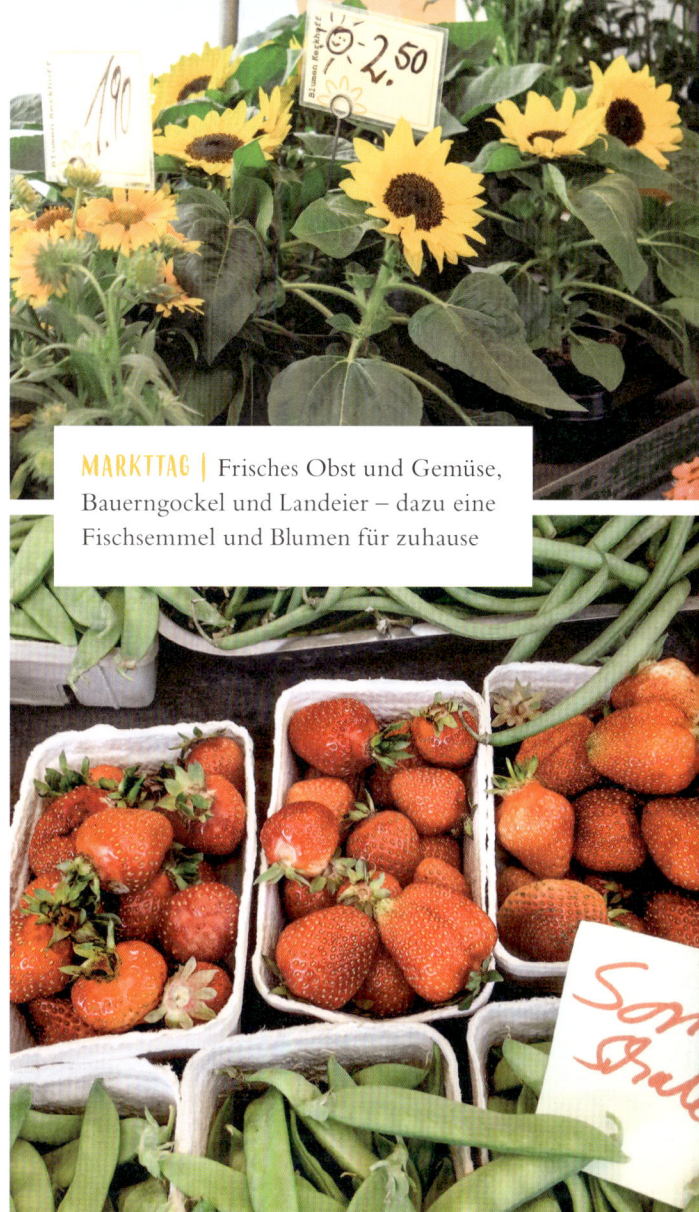

Wahre Begebenheit auf dem Bauernmarkt in Herrsching am Ammersee, der zu den ältesten seiner Art in Bayern gehört. Der Marktleiter betont: »Bei uns gibt's alles, außer Zahnpasta.« Dies hört Bettina Weidinger vom Stand nebenan, der Bio-Honig und allerlei Bienenprodukte anbietet und hält lachend eine Tube hoch: Zahncreme mit Propolis! Klar ginge er auch in den Supermarkt, meint ein Marktkunde, am liebsten in einen, wo es regionale Produkte gibt. Doch insbesondere im Sommer, wo ja dank Gewächshäusern auch hier Paprika, Auberginen oder sogar Artischocken wachsen, kauft man sie am besten auf dem Markt. Der Vorteil regionaler Bio-Produkte: Sie sind frisch. Salat, Kräuter oder Zucchiniblüten ernten wir um 6 Uhr in der Früh am Markttag, meint der Gemüsebauer. So frisch geerntet, hat man fast gar keinen Abfall, so dass der Einkauf auf dem Markt auch günstiger ist, wenn man richtig rechnet. Vom Geschmack und den gesunden Inhaltsstoffen, die so erhalten sind, ganz zu schweigen.

MARKTTAG | Frisches Obst und Gemüse, Bauerngockel und Landeier – dazu eine Fischsemmel und Blumen für zuhause

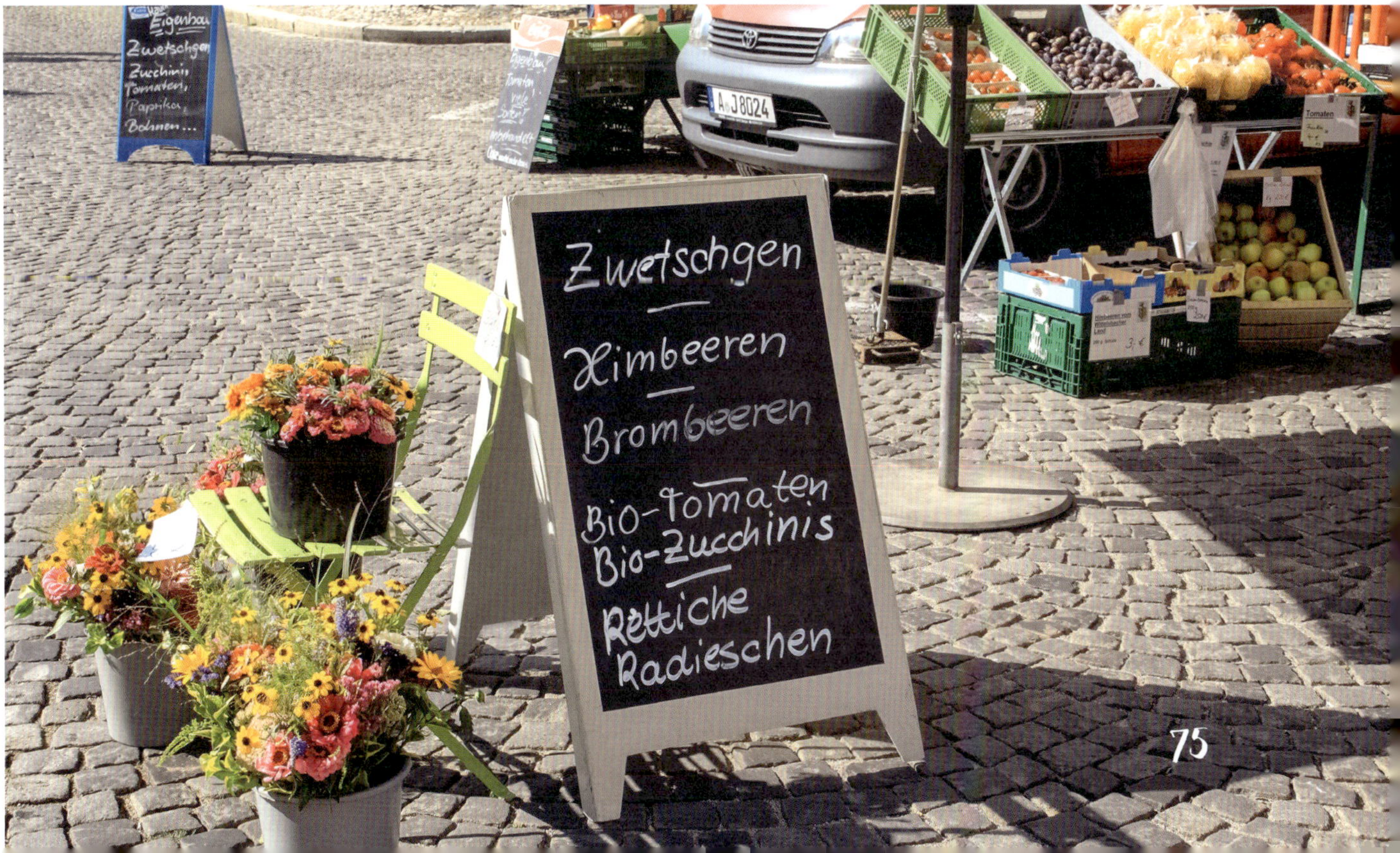

Mit Erdbeer-Limes aus frischen, aromatischen Erdbeeren kann man den Sommer einfangen. Er wird eisgekühlt pur oder mit Sekt serviert.

ERDBEER-LIMES

100 g Zucker
600 g Erdbeeren
¼ l Zitronensaft
½ l Wodka oder Korn

Zunächst den Zucker mit 200 ml Wasser aufkochen, damit er sich auflöst, und den Sirup abkühlen lassen. Gereinigte Erdbeeren kleinschneiden und mit dem Zitronensaft dazugeben, alles mit einem Stabmixer pürieren. Dann Wodka oder Korn zufügen und gut durchrühren. Nun kann man den Limes durch ein Sieb geben oder aber die gesamten Fruchtstücke in der Flüssigkeit lassen. Limes in heiß ausgespülte Flaschen abfüllen und bis zum Genuss kühl und dunkel lagern.

Tipp: Nimmt man reife, aromatische Pfirsiche (geschält), kann man auf die gleiche Weise Pfirsich-Limes herstellen.

Einen Stand mit Aufstrichen, Oliven und Antipasti findet man fast auf jedem Wochenmarkt. Von links nach rechts: Kartoffelkäs, Forellencreme, Rote Bete-Aufstrich und gebackene Oliven.

KARTOFFELKÄS

250g mehlige Kartoffeln
1–2 Frühlingszwiebeln
½ TL Oregano
½ TL Kümmel

150g Crème fraîche
50g gekochter Schinken, gewürfelt
1–2 Cornichons, gewürfelt

Kartoffeln in der Schale kochen, schälen, noch heiß durch eine Presse drücken. Frühlingszwiebel fein schneiden, das Weiße in etwas Öl kurz dünsten, das Grün roh unterrühren. Kümmelsamen mörsern und mit dem Oregano dazugeben. Mit der Kartoffelmasse verrühren. Crème fraîche, Schinken und Cornichons unterziehen.

GEBACKENE OLIVEN

150g Mehl
125g Butter
250g Hartkäse, gerieben

1 EL Paprika, edelsüß
200g Oliven, mit Mandeln gefüllt

Aus Mehl, Butter, Käse und Paprika einen Mürbteig herstellen. Zu einer Rolle von 5 cm Ø formen, in Scheiben schneiden, Oliven darin einwickeln und zu Kugeln formen. Dann im Ofen bei 220 °C ca. 20 Min. backen.

ROTE BETE-AUFSTRICH

200g Rote Bete, gegart
2 TL Harissa
4 EL Olivenöl

150g Feta oder Frischkäse
etwas Minze, gehackt

Alle Zutaten zusammen grob pürieren. Harissa ist eine scharfe arabische Würzpaste aus Chilischoten, Paprika, Kreuzkümmel und Knoblauch. Die Menge kann man je nach Wunsch selber dosieren.

PIKANTE FORELLENCREME

100g Forellenfilet, geräuchert
100g Frischkäse
2–3 mittelscharfe Peperoni, eingelegt
Chili, Paprikapulver, Zitronensaft

Forellenfilet in kleine Stücke zerteilen und in eine Schüssel geben. Den Frischkäse mit den Gewürzen und den Peperoni mit dem Pürierstab gut vermischen. Fisch dazugeben und zu einer glatten Paste verarbeiten. Mit Salz, Pfeffer und Zitronensaft abschmecken.

Creme in kleine Förmchen füllen und mit geröstetem Baguette servieren.

Picknick im Grünen

SLOW FOOD IM SCHACKY-PARK

SCHACKY-PARK | Freiherr von Schacky gestaltete einen herrlichen Landschaftspark in Dießen am Ammersee – mit Teehaus und Monopteros.

Das Rezept ist ein Urlaubsmitbringsel vom Meer. Hierzulande nehmen wir dafür besser eine frische Forelle als einen zu weit gereisten Meeresfisch.

Warum Schinken nur mit Melone servieren? Die Vorspeise mit reifen, saftigen Aprikosen fand großen Anklang.

MARINIERTE FORELLE MIT ZITRONEN

300 g Forellenfilet
2 Bio-Zitronen
Salz, weißer Pfeffer, etwas Chili
2–3 EL Olivenöl
einige Blätter Petersilie
1 rote Zwiebel

Fischfilet von eventuellen Gräten befreien, in dünne Scheiben schneiden. Schale einer Zitrone abreiben, den Saft auspressen. Den Fisch in einer verschließbaren Form mit 1–2 EL Zitronensaft beträufeln, dann mit Zitronenabrieb, Salz, Pfeffer und einer Prise Chili würzen. Abgedeckt im Kühlschrank ca. 1 Std. durchziehen lassen. Zwiebel schälen, halbieren, in dünne Ringe schneiden.

Den Fisch auf einer Platte anrichten, mit Olivenöl beträufeln, Zwiebelringe und gezupfte Petersilienblätter darauf verteilen und mit der in Scheiben geschnittenen zweiten Zitrone umlegen.

APRIKOSEN MIT BASILIKUM UND SCHINKEN

500 g reife Aprikosen
frisches Basilikum
2–3 EL Pinienkerne
Zitronensaft
Olivenöl

Abrieb von einer Bio-Zitrone
Pfeffer aus der Mühle
Salzflocken
luftgetrockneter Knochenschinken

Aprikosen waschen, entsteinen und in mundgerechte Stücke schneiden. Basilikum nur wenn nötig waschen, ansonsten nach dem Waschen gut trockenschütteln. In einer Schüssel die Aprikosenstücke mit etwas Zitronensaft, gezupften Basilikumblättern, wenig Olivenöl und Zitronenabrieb vermischen. Etwa eine ½ Std. marinieren.

Pinienkerne in einer Pfanne trocken anrösten.

Schinken auf einer Platte dekorativ anrichten und die marinierten Aprikosen in die Mitte geben (wer mag, in einer separaten Schüssel). Schinken und Aprikosen mit frisch gemahlenem schwarzem Pfeffer bestreuen, etwas Olivenöl darübergeben. Die Aprikosen zum Schluss mit Salzflocken bestreuen und alles mit frischen Basilikumblättern und Pinienkernen garnieren.

Diese Pastete ziert ein spätsommerliches oder herbstliches Buffet, bei dem man die letzten Sonnenstrahlen noch auskosten kann. Die Beerensoße passt auch gut zu Käse.

PILZPASTETE MIT PREISELBEERSOSSE

1 Paket ausgerollter Blätterteig
1 Eigelb

Pilzfüllung
400 g Hackfleisch
Tomatenmark
Salz, Pfeffer
Thymian
2 Eier
400 g Waldpilze oder Egerlinge
1 Zwiebel, gehackt
1 Knoblauchzehe, gehackt
4 EL Petersilie, gehackt
Olivenöl
100 g Parmesan oder Bergkäse,
    gerieben

Preiselbeer-Soße
150 g Preiselbeeren
75 g Zucker
1–2 Gewürznelken
150 g schwarze Johannisbeeren
50 ml Portwein

Hackfleisch mit Tomatenmark, den Gewürzen und Eiern vermischen und kräftig abschmecken. Die Pilze putzen, in Scheiben schneiden und mit der Zwiebel in Olivenöl anbraten. Knoblauch und Petersilie zugeben, 10 Min. weiterdünsten. Mit Salz und Pfeffer abschmecken, abkühlen lassen und mit dem geriebenen Käse vermischen.

Blätterteig ausbreiten, die Hälfte der Hackfleischmischung daraufgeben, einen Rand frei lassen. Auf die Fleischschicht mittig die Pilz-Käse-Mischung verteilen. Mit dem restlichen Hack umschließen und zu einer Rolle formen. Oben einige Löcher einschneiden, in diese Löcher »Kamine« aus Backpapier stecken. Die Rolle mit der Öffnung nach unten auf ein Backblech mit Backpapier geben. Das Eigelb mit etwas Wasser verrühren und die Pastete damit einstreichen, ca. 25 Min. bei 180 °C backen. Stäbchenprobe machen!

Preiselbeeren mit 100 ml Wasser sowie Zucker und Nelken unter Rühren aufkochen, bis sich der Zucker löst. Die Johannisbeeren und den Portwein zugeben und weitere 15 Min. köcheln lassen. Die Fruchtsoße dann mit einem Stabmixer pürieren. Wer mag, kann die Soße noch durch ein Sieb streichen.

Die fertige Pastete in ca. 1 cm dicke Scheiben schneiden und mit der Soße servieren.

Slow Food kocht

DINNER DER BESONDEREN ART

Andrea Wilkening ist eigentlich Ingenieurin für Städteplanung, dann sattelte sie um, hatte das Café Blumenschule in Schongau und engagiert sich schon lange bei Slow Food. Im Convivium 5-Seenland ist sie für die »Slow-Dinner« verantwortlich.

Wie funktioniert Slow-Dinner?

Andrea Wilkening: In loser Folge treffen sich Slow Food-Mitglieder und auch andere Leute, die gerne kochen. Das Prinzip ganz nach Slow Food: Jeder bringt etwas mit, man kauft beim Bauern oder auf dem Wochenmarkt und von regionalen Produzenten. Man kocht zusammen – viele schöne Tipps machen so die Runde. Jeder ist mal Gastgeber, man kocht zuhause. Jedes Dinner hat ein Thema. Wir haben zum Beispiel Nudeln selber gemacht oder wir kochten Fleischgerichte nach dem Motto »From Nose to Tail«, Rezepte zu den ersten Frühlingskräutern wurden ausgetauscht oder wir befassten uns mit »kulinarischen Urlaubsmitbringseln«. Aber da werden wir oft regional, wir haben zum Beispiel heimisches Gazpacho (aus Gurken mit Buttermilch) oder Bayerisches Sushi gemacht – also statt Thunfisch heimische Renke oder Lachsforelle verwendet. Schmeckt hervorragend. Man sucht auch das Besondere aus der Region, die Nadel im Heuhaufen, z. B. einen Bauern, der verschiedene Sorten Kartoffeln anbietet. Die Kosten werden aufgeteilt – und es ist oft erstaunlich, wie wenig jeder Einzelne zahlen muss, obwohl alle qualitätsvolle Zutaten kaufen, wie eben erwähnt, Fleisch vom Hofladen, Brot vom Bäcker, vom Bioladen, vom Wochenmarkt.

Slow Food kommt aus Italien und feierte kürzlich seinen 31. Geburtstag. Seit wann gibt es die Bewegung in Deutschland oder hier in der Region?

Slow Food gibt es seit ca. 20 Jahren in Deutschland. 2008 wurde das Convivium 5-Seenland gegründet. Ziel ist, Produzenten, Konsumenten, Händler, Genusshandwerker im Sinne von Slow Food zusammenzubringen. Aktionen wie Gesundheitstage, Infostände,

Kochgruppen, offene Monatstreffen wo z. T. Mitglieder oder Aktive ihre Projekte (wie Gemeinde-Gärten oder Solidarische Landwirtschaft) vorstellen. Wir treffen uns immer in verschiedenen Gasthäusern, z.B. Roming in Eching, Panini in Schondorf, die für die Gedanken von Slow Food offen sind. Dann organisieren wir auch Betriebsbesichtigungen bei guten Produzenten, von der Senfmanufaktur bis zur Metzgerei.

Slow Food hat außerdem eine soziale Komponente, so dass Produzenten, die Hochwertiges herstellen, auch davon leben können. Wichtig auch die Kinder- und Jugendarbeit – slow mobil – Kochen mit Kindern und Jugendlichen in Kindergärten und Jugendzentren. Oder die Schnippeldisko, wo Jugendliche gemeinsam für ihre eigene Party kochen.

GEMEINSAM GENIESSEN | Rezepte und Einkaufsadressen austauschen und gemütlich zusammensitzen

EINFACH GENIAL

Dein Kochstil?

Ich mache gerne einfache Sachen: Kräuter aus dem Garten, tolle Aromen ohne viel Aufwand. Zum Beispiel meine beliebte »Holundermousse«, die einfach nur glatt gerührter Quark mit Holunderblütensirup ist. Lebt von der Qualität der Zutaten. Oder frische Bundmöhren vom Markt: Man mariniert sie zunächst mit Zitronenabrieb und einer Prise Zucker, wickelt sie in Basilikumblätter und Speck und schiebt sie kurz in den Ofen. Im Frühling eine köstliche Vorspeise: Erdbeersalat mit Rucola und Parmesan-Locken, sehr guten Balsamico drauf – fertig.

Wünsche für die Zukunft …

Slow Food besteht ja nur aus Ehrenamtlichen. Es sollten einfach noch mehr Interessenten zusammenkommen – sei es in den Kochgruppen, bei der Öffentlichkeitsarbeit, sei es, um den Genussführer zu bestücken.

Wie entsteht der Genussführer?

Die Leute der »Genussführergruppe« geben Empfehlungen zu passenden Restaurants, die man vorher getestet hat. Dann spricht man mit dem Wirt / der Wirtin und fragt, z.B. woher er seine Waren bezieht, unterstützt er dieses regionale Prinzip etc. Wir sehen es gerne, wenn Bio-Produkte verwendet werden, aber sie müssen nicht nach einer bestimmten Philosophie zertifiziert sein. Dann geben wir die Empfehlung an eine überregionale Kommission, die prüft nochmal, und gibt sie grünes Licht, kommt das Restaurant in den Führer.

Gartenparadies für alle

KRAUTGÄRTEN, SONNENÄCKER UND SOLIDARISCHE LANDWIRTSCHAFT

KRAUTGARTEN | Bürgergarten in Klingen. Hier erntet Jakob Breitsameter frische Bohnen.

TAUSCHWARE | Tipps, Jungpflanzen und Ernte werden gern geteilt.

Hauptsache Gemüse

ERNTEFREUDEN IM SOMMER

Gemeinsam gärtnern ist in. Das beweisen die Sonnen-äcker von Unser Land, Projekte wie der Fürsten-acker bei Fürstenfeldbruck oder der GeltenDorfAcker, der ganz neu als private Initiative ins Leben gerufen wurde. Dennoch: Ein Stück Land gemeinsam zu bearbeiten, ist keine neue Erfindung. Früher gab es am Rande der Ortschaften sogenannte Krautgärten, die aus den ehemaligen Allmenden, dem gemeinsam genutzten Weideland, entstanden sind. Dort baute man Gemüse an und natürlich auch Weißkraut, das man einlegte und dadurch haltbar machte. Als Sauerkraut war es den ganzen Winter wichtiger Vitamin-Lieferant. Als man dazu überging, Gemüse zu kaufen und ein überbordendes Angebot ganzjährig zur Verfügung stand, wurden viele der Krautgärten aufgegeben. Zum Glück sind einige wenige erhalten, wie zum Beispiel jener in Klingen, der ein einzigartiges Gartenparadies darstellt.

SOMMERLICHE TEILZEIT-VEGETARIER UND IHRE LIEBLINGSREZEPTE

Ein Sonnenacker-Gärtner lacht: Wir essen schon Fleisch, aber im Sommer kommen wir kaum dazu. Fragt man nach Rezepten, ist man bisweilen regelrecht enttäuscht: grüne Bohnen oder Karotten, frisch gekocht mit etwas Butter – ein Gedicht; Kohlrabi am liebsten roh, höchstens eine Prise Salz. Doch dann sprudeln die Ideen: Letscho sei ihr Lieblings-Sommergericht, meint eine Gärtnerin. Viel Paprikaschoten, Zwiebeln und Knoblauch werden gemeinsam geschmort. Sie kochc immer »Giardiniera« meint eine andere mit italienischen Wurzeln, ein Gemüse-Allerlei mit Kräutern, je nach Angebot. Das kann man auch einfrieren oder einwecken und es dient als Suppengrundlage, Pizzabelag oder Nudelsoße. Oder man feiert eine Gartenparty, selbstverständlich mit Kräutern und Gemüse in der Hauptrolle.

Eigene Suppenwürze (> oberes Glas) geht so: Gemüse wie Karotten, Lauch, Sellerie und Kräuter zerkleinern und 10:1 mit Salz gut vermischen. Kühl und dunkel lagern.

Die Zubereitung einer Gemüsebrühe ist einfach. Bei Bio-Gemüse kann man sich sogar die Arbeit des Schälens sparen. Kräuter und Gewürze passt man je nach Verwendung an.

MILCHSAURES GEMÜSE

Gemüse
Pfefferkörner
Korianderkörner
Salz

Senfkörner
Knoblauchzehe(n)
Weißkohl

Frisch geerntetes Gemüse wie Möhren, Blumenkohl, Sellerie, Zwiebeln etc. in kleine Würfel, Röschen oder Ringe schneiden. In sterilisierte Einmachgläser füllen, evtl. Knoblauchzehen, Senf- oder Korianderkörner zugeben und mit Salzwasser übergießen. Dafür 25 g Salz auf 1 Liter Wasser geben, kurz aufkochen und wieder abkühlen lassen. Mit einem Kohlblatt abdecken und darauf achten, dass das Gemüse vollständig mit Salzwasser bedeckt ist (Gläser immer nur zu ¾ mit Gemüse füllen). Gläser verschließen und an einem dunklen, trockenen Ort ca. 4 Wochen lagern. Danach müssen sich kleine Bläschen gebildet haben. Das Gemüse ist verzehrbereit, kann aber auch bis zu einem Jahr gelagert werden.

Tipp: Milchsauer einlegen kennt man vom Sauerkraut. Vitamine werden erhalten und daher ist so eingelegtes Gemüse sehr gesund.

FEINE GEMÜSEBRÜHE

Sommerlich leicht

2 l Wasser
1 Karotte
1 weiße Zwiebel
1 Stange Bleichsellerie

2 Petersilienzweige
1 Tomate
einige Blätter Basilikum
½ Stange Lauch

Alles ca. 2 Std. kochen, abseihen und auf die Hälfte reduzieren. Dann frischen Basilikum dazugeben.

Würzig herbstlich

2 l Wasser
1–2 Zwiebeln
1 Karotte
300 g Sellerie
300 g Petersilienwurzel
300 g Pastinaken

1 Stange Lauch
20–50 g Ingwer
Nelken, Sternanis
Thymian
Pfefferkörner
Lorbeerblätter

Zwiebel halbieren, mit der Schnittfläche nach unten im Topf ordentlich rösten. Gemüse und Kräuter dazugeben, mit Wasser auffüllen und und ca. 3 Std. köcheln lassen. Danach abschmecken.

Lässt sich ausgezeichnet vorbereiten. Man kann auch den Piroggenteig von > S. 39 verwenden.

TOMATENPASTETE

3 Schalotten, fein gehackt	2 Eier
3 Knoblauchzehen, fein gehackt	Salz, Pfeffer
600g reife, aromatische Tomaten	Blätterteig
200g getrocknete Tomaten in Öl,	1 Eigelb, mit
abgetropft und fein gehackt	Milch und
100g Mandelstifte	Salz verquirlt
Abrieb von 1−2 Bio-Zitronen	4 EL Butter

Tomaten blanchieren, Haut und Kerne entfernen, Fruchtfleisch würfeln. Schalotten und den Knoblauch in 2 EL Butter anschwitzen, die frischen Tomaten zugeben und im offenen Topf köcheln lassen, bis die Flüssigkeit vollständig verdampft ist. Vom Herd nehmen, Mandeln, Zitronenschale und getrocknete Tomaten zufügen. Abkühlen lassen, dann verquirlte Eier unterrühren. Mit Salz und Pfeffer abschmecken.

Eine passende Form mit Backpapier auskleiden und mit Butter einfetten. Die Masse hineingeben und glattstreichen. Dann bei 180 °C ca. 60 Min. backen. In der Form auskühlen lassen.

In Blätterteig gekleidet nochmal ca. 15−20 Min. bei 200 °C backen. Weitere Verarbeitung > S. 81.

Berner Rose

Der Star der Gartenparty: mit Feta gefüllter Kürbis und saftige Hackbällchen mit Zucchini und Tomaten-relish. Im Alltag werden die Hackbällchen größer gemacht und mit Salat zu einer sommerlichen Mahlzeit.

GEFÜLLTER KÜRBISIGEL MIT HACKBÄLLCHEN UND TOMATENSOSSE

1 mittelgroßer Hokkaido-Kürbis

Füllung
ca. 400g Feta
10 getrocknete Tomaten in Öl
2 EL Kreuzkümmel
1 EL Paprikapulver, edelsüß
Chili oder Cayennepfeffer
1 rote und 1 gelbe Paprika, gewürfelt

Hackbällchen
500g Hackfleisch
1 Zwiebel, 2–3 Knoblauchzehen
1 Semmel, etwas Milch
1–2 Eier
1–2 Zucchini
Salz, Pfeffer, frische Kräuter nach Belieben
Semmelbrösel
Zahnstocher

Tomatenrelish
500g aromatische Tomaten
1–2 Chilischoten, nach Geschmack
Abrieb einer Bio-Zitrone
1 TL Salz
1 rote Zwiebel, fein gehackt
1 Stange Staudensellerie, fein gehackt

Kürbis quer halbieren, dabei den Stängelansatz daran lassen und aushöhlen.

Füllung herstellen, dafür getrocknete Tomaten fein hacken, Chili und Kreuzkümmel fein mahlen. Feta mit allen weiteren Zutaten in der Küchenmaschine zu einer Paste verarbeiten. Die Paprikawürfel unterheben. In den Kürbis füllen. Kürbis mit der Öffnung nach oben in eine feuerfeste Form geben und bei 180°C ca. 20–30 Min. backen. Er sollte nicht zu weich sein. Herausnehmen, erkalten lassen.

Inzwischen Hackfleischbällchen herstellen. Dafür die Semmel in Scheiben schneiden, in etwas Milch einweichen, gut auspressen. Die Zucchini sehr fein raffeln. Zwiebel und Knoblauch würfeln, in Butter sanft andünsten, erkalten lassen. Zusammen mit der Semmel, den geraffelten Zucchini und Ei zum Hack geben. Gut vermischen, mit Salz, Pfeffer, einer Prise Chili und gehackten Kräutern ab-schmecken. Etwas ruhen lassen, ggf. mit Semmelbröseln binden. Kleine Bällchen formen und auf ein mit Backpapier ausgekleidetes Backblech legen. Bei 180°C ca. 30 Min. backen.

Kürbis auf eine Platte setzen. Mit den Hackbällchen (und z.B. Blüten oder schwarzen Oliven als Augen) verzieren. Relish dazu reichen. Dafür von den Tomaten den Stielansatz herausschneiden, dann zerkleinern. Mit Chili, Zitronenabrieb und Salz glattmixen. Durchziehen lassen. Zwiebel und Staudensellerie dazugeben, nochmals abschmecken. Sind die Hackbällchen aufgegessen, Kürbis in Scheiben schneiden.

Brocktail setzt sich aus »Broth« oder »Brodo«, englisch bzw. italienisch für »Brühe«, und Cocktail zusammen.

Auch zu paniertem Gemüse wie Zucchini oder Auberginen passt die Marinade. Feine Kapern sind eine schöne Ergänzung.

AMMERSEE MULE – »BROCKTAIL« ALS APERITIF

30 ml Gin
20 ml Gemüsebrühe mit Ingwer
20 ml Gurkensaft
100 ml Ginger Ale
Zitronensaft
grüne Oliven
Eiswürfel

Gin, Brühe und Gurkensaft mit einigen Eiswürfeln im Cocktailshaker kräftig schütteln. In ein Cocktailglas abseihen und mit 100 ml Ginger Ale aufgießen. Mit einem Eiswürfel pro Glas, einem Spritzer Zitronensaft und einer Olive an einem kleinen Spieß garnieren und servieren. Schmeckt fein säuerlich-würzig, gurkig-frisch, ist nicht so süß wie manch anderer Cocktail und hat die oft typische Ammerseefarbe: grünlich trüb. Und außerdem lindert dieser Aperitif die Belastung der Leber gleich beim Genuss.

Tipp: Das Rezept stammt von der Brühenmanufaktur Ammersee, ihre »spicy power veggie« dafür nehmen ➤ S. 168.

MARINIERTE SCHNITZELCHEN

	Marinade
400 g Hühner- oder Putenbrust	1 Handvoll Salbeiblätter
Mehl	3 Knoblauchzehen, gehackt
2 Eier	⅛ l Olivenöl
Salz	⅛ l Weißweinessig
reichlich Semmelbrösel	⅛ l Weißwein
Butterschmalz	
Olivenöl	

Das Geflügelfleisch schräg in dünne Scheiben schneiden. Die Eier mit Salz würzen und verquirlen. Mehl sowie Semmelbrösel separat in Tellern bereitstellen. Die Schnitzelchen zunächst in Mehl, dann in Ei und schließlich in den Semmelbröseln wenden. Reichlich Butterschmalz und Olivenöl in einer weiten Pfanne erhitzen, die Schnitzelchen darin hellbraun braten.

Für die Marinade Salbeiblätter fein hacken, zusammen mit dem Olivenöl mit einem Stabmixer pürieren. In einen Topf geben, Essig und Wein zugießen, 5 Min. leise köcheln lassen.

Schließlich Schnitzelchen auf einer Platte anrichten, mit der abgekühlten Marinade übergießen und ca. 3 Std. durchziehen lassen.

Wohl dem, der einen holzbefeuerten Ofen im Garten hat. Im Holzofen kann man nicht nur Pizza und Flammkuchen, sondern auch Brot und ganze Braten zubereiten. Dieses Modell ist sogar transportabel und stammt vom Familienbetrieb Neumair aus Pfaffenhofen an der Ilm.

PIZZA ODER FLAMMKUCHEN AUS DEM HOLZOFEN

Stefans Teig

2 kg Pizzamehl
½ Würfel Hefe
½ l Wasser
¼ l Milch
½ l Bier
1 EL Salz
8 EL Olivenöl

Basisbelag
für alle Flammkuchen
Crème fraîche, leicht gesalzen

Belagvarianten
Ziegenkäse – Walnuss – Birne
Rucola – Kirschtomaten
Schinken – Käse – Zwiebeln
Champignons oder Steinpilze –
*   Thymian – Käse*
Gorgonzola – Walnuss

Apfelscheiben und Zucker / Zimt
*   (dann Crème fraîche unge-*
*   würzt verwenden)*

Wasser, Milch und Bier (alles zimmerwarm!) zusammen mit der Hefe und dem Salz in einer großen Schüssel verrühren. Ein Viertel des Mehls dazurühren. Den Ansatz etwa 15 Min. abgedeckt gehen lassen. Danach den Rest des Mehls sowie Salz und Olivenöl zugeben und gut durchkneten. Der Teig sollte jetzt stabil und geschmeidig sein. Mit Olivenöl einstreichen, mit einer Frischhaltefolie locker abdecken und etwa 2 Std. (oder im Kühlen über Nacht!) gehen lassen. Nun etwa 15 Kugeln formen (für kleine Pizzen mit ca. 20 cm Ø).

Dann die Teigkugeln ausziehen, sie sollten in der Mitte so dünn wie möglich sein, der Rand etwas stärker.

Die Pizzasoße (z. B. **>** S. 89) nicht ganz bis zum Rand darauf verteilen, dann weiter belegen. Da ist erlaubt, was gefällt. Zum Schluss nicht zu dick mit geriebenem Käse bestreuen.

Backschaufel mit reichlich Grieß bestreuen und Pizza bei 350–400 °C einschießen, häufig drehen. Die Hitze darf nicht zu sehr fallen. Eine Pizza sollte in etwa 3 Min. fertig sein!

Flammkuchen

Teigzutaten und -zubereitung wie beim Rezept »Pizza«, aber ohne Olivenöl und mit ganz wenig Hefe – nur etwa die Größe eines Zuckerstücks auf 1 kg Mehl. 15 Kugeln formen, gehen lassen wie beim Pizzateig beschrieben. Den Teig für die Flammkuchen so dünn wie möglich ausrollen. Ebenso dünn mit gewürzter Crème fraîche bestreichen, einen Rand frei lassen. Danach belegen (zum Beispiel mit Lauch in dünnen Ringen und Speckwürfelchen), mit wenig Käse bestreuen und backen.

Solidarisch ackern

GEMEINSAME ERNTEFREUDEN

Anna Kosok und Robin Bockenheimer sind Gärtner von Beruf und wagten über »Solawi« den Schritt in die Selbständigkeit. Knapp 4000 qm Land in der Nähe von Kaufering werden von ihnen nach Bio-Richtlinien bewirtschaftet.

Ganz kurz: Was ist Solidarische Landwirtschaft, kurz Solawi?

Anna Kosok: Eine Solidarische Landwirtschaft ist ein Zusammenschluss eines landwirtschaftlichen Betriebes mit einer Gruppe von Haushalten, die sich die Ernte teilen. Das gemeinsame Ziel ist eine für Konsumenten, Produzenten und Umwelt nachhaltige und faire Herstellung von gesunden Lebensmitteln. Die ErnteteilerInnen legen sich für eine Saison fest und bekommen einmal wöchentlich

tagesfrisches Bio-Gemüse. »Sich die Ernte teilen« bedeutet, wenn es eine reiche Ernte gibt, erhält man viel, wenn die Ernte geringer ausfällt, weniger – wobei wir natürlich nach bestem gärtnerischen Fachwissen für eine möglichst reiche und gute Ernte sorgen. Aber das Risiko wird geteilt. Es bleibt also nicht der Gärtner allein darauf sitzen, wenn z.B. mal ein Satz Salat verhagelt wird und wenn es eine reiche Tomatenernte gibt, wird diese unter den Mitgliedern aufgeteilt.

Wie seid ihr darauf gekommen?

Es ist fast die einzige Möglichkeit, sich ohne viel Kapital selbstständig zu machen. Ich mache jetzt außerdem noch eine Weiterbildung zur Wildnispädagogin und möchte gerne mit Kindern oder

SOLAWI | Profigärtner bauen an, die Ernte wird geteilt, genauso wie das Risiko.

auch Erwachsenen was auf dem Acker machen. Wir sind ja schon lange in dem Bereich tätig. Ich habe meine Ausbildung zur Gärtnerin 2009 beendet. Robin hat, sobald es ging, nach seiner Lehre die Meisterschule besucht und ist, würde ich sagen, passionierter Gärtner.

Was baut ihr an?
Eine bunte Vielfalt, auch Erdbeeren und Physalis. Wir wollen jedes Jahr eine Spezialität anbauen – dieses Jahr sind es eben die Physalis. Momentan haben wir reichlich Tomaten!

Wie viele Mitglieder habt ihr, was sind das für Leute?
Wir haben momentan 32 Mitglieder. Es sind junge Paare, Familien, Rentner, es sind einfach Menschen,

denen eine gesunde Ernährung, Nachhaltigkeit, Regionalität am Herzen liegt.

Was macht ihr im Winter?
Da wir beide noch einer anderen Arbeit nachgehen, haben wir im Winter nicht komplett frei und wir müssen auch schon das kommende Jahr vorbereiten, also planen, neue Mitglieder werben. Und ich würde sehr gerne eine längere Zeit reisen – wenn wir uns das leisten können.

Welches sind eure Lieblingsgemüse?
Ich denke, wenn Schweinebraten zu den Gemüsen zählt, wäre das Robins Lieblingsgemüse. Aber wir mögen eigentlich alles, Wurzelgemüse, Mangold und Salat, Hokkaidokürbis liebe ich auch.

Es ist erstaunlich, wie viele wirklich köstliche Mahlzeiten aus einem einzigen Blumenkohl entstehen können. Aus »Kompost« werden Delikatessen.

BLUMENKOHL-BLÄTTER-CHIPS

Blätter von 1–2 Kohlpflanzen
Olivenöl
Chili, Kurkuma, ggf. etwas Salz

Zunächst die Mittelrippen der Blätter herausschneiden. Aus den dünnen Blattteilen werden die Chips, die Mittelrippen benötigt man für den Dip und die Quiche. Die Blätter in einer Schüssel mit einigen EL Olivenöl beträufeln, nach Geschmack mit weniger oder mehr Chilipulver oder -flocken und Kurkumapulver würzen und richtig gut durchkneten. Ein Backblech mit Backpapier auslegen, die Blätter nebeneinander auf dem Blech verteilen und im Ofen bei ca. 160 °C etwa 20 Min. backen, bis sie knusprig geworden sind. Salzen und servieren; sie bleiben auch ausgekühlt eine Weile kross.

Tipp: Anstatt der Blätter des Blumenkohls kann man auch Brokkoli- oder Wirsingblätter verwenden.

Delikatesse aus »Müll« – statt der selbst gerührten Marinade kann man einfach die Flüssigkeit von Essiggurken aus dem Glas verwenden.

MARINIERTER BLUMENKOHL-STRUNK

Blumenkohlstrunk
1 Schalotte
3 EL Weinessig
3 EL Sonnenblumenöl
1 Prise Zucker
Salz, weißer Pfeffer
Rosa Pfeffer
essbare Blüten, z. B. von Gundermann oder Klee
Schnittlauch

Vom Strunk nur die ganz holzigen Teile unten entfernen. Strunk in dünne Scheiben schneiden und in Salzwasser weich kochen. Kochflüssigkeit aufbewahren.

Für die Marinade Schalotte fein hacken, mit den anderen Zutaten sowie ca. 3 EL der Kochflüssigkeit verrühren. Strunk-Scheiben mit der Marinade vermischen und am besten über Nacht im Kühlschrank durchziehen lassen. Nochmals abschmecken, mit Rosa Pfeffer, Blüten und Schnittlauch dekorieren und als Salat oder Vorspeise servieren.

Tipp: Man kann auch den Strunk von Weißkohl oder Blaukraut so zubereiten.

94

Wenn es schnell gehen soll, kann man fertigen Blätterteig nehmen. Edler ist natürlich selbstgemachter Mürbteig.

BLUMENKOHL-QUICHE MIT KÜRBISKERNEN UND WALNÜSSEN

Füllung
*Mittelrippen der Blumen-
    kohlblätter*
2 Eier
100 g Schmand
Salz
weißer Pfeffer, gemahlen

30 g Kürbiskerne
30 g Walnusskerne

Teig
> *S. 39   oder
        fertig gekaufter
        Butter-Blätterteig*

Mittelrippen in Gemüsebrühe weich kochen, anschließend pürieren. Sollte das Püree zu flüssig sein, in einem Sieb abtropfen lassen, sonst weicht der Teig durch. Schließlich mit den Eiern und dem Schmand glattrühren.

Kürbis- und Walnusskerne in einer Pfanne ohne Fett rösten, bis sie duften. Abkühlen lassen. Einen Teil der Kerne grob hacken und unter die Masse ziehen. Einige Kerne für die Dekoration zurückbehalten. Teig ausrollen und in die Quicheform geben. Die Masse eingießen und verzieren. Bei 180 °C etwa 30 Min. backen, bis die Quiche schön goldgelb ist. Entweder lauwarm oder kalt servieren.

Fruchtige Sommerfrische

KALTES VERGNÜGEN FÜR SONNENANBETER

EIN SOMMERTRAUM | Auf den See blinzeln, Eiskaffee genießen oder Eis schlecken – egal ob Amarena, Erdbeer, Stracciatella oder Zabaione

Ein frisches, fruchtiges und fröhlich-buntes Dessert, das aussieht, als sei man Stunden in der Küche gestanden, dabei ist es einfach und geht ganz schnell. Wichtig allerdings sind gute, reife Früchte.

DREIERLEI SORBETS

je 200g schwarze und weiße Johannisbeeren, tiefgefroren
je 100g Stachelbeeren und Pflaumen, tiefgefroren
300g Joghurt
Akazienhonig
Früchte und etwas Minze zum Dekorieren

Die eigentlich wichtigste Zutat für diese wunderbar einfachen Sorbets ist ein guter Pürierstab.

Die Zubereitung der drei Varianten ist die gleiche: Früchte in den Pürierbecher geben, leicht antauen lassen. Dann Joghurt zugeben – das Verhältnis sollte in etwa 2:1 sein, also 2 EL Früchte, 1 EL Joghurt. Früchte mit dem Joghurt cremig pürieren, mit Akazienhonig (oder Zucker) nach Geschmack süßen und einfrieren. Fertig ist das Sorbet.

Dann Früchte der Saison in mundgerechte Stücke schneiden. Erdbeeren kann man zum Beispiel mit einem scharfen Messer vom Stielansatz her einschneiden und zu einem Fächer drücken. Wer mag, kann noch etwas Akazienhonig in dünnen »Fäden« über Sorbet und Früchte ziehen.

Für dieses Rezept eignen sich auch andere Beerenfrüchte wie etwa (Wald-)Erdbeeren oder Himbeeren.

Dies ist das köstlichste und einfachste Eis, das es gibt, wenn man im Sommer vom Wandern oder Radeln kommt! Erfrischend auch mit dem Zitrus-Mix-Sirup von HerbaLicca > S. 58.

EIS AM STIEL

Pappbecher für Espresso
Bunte Eislöffel
Minz-Sirup
Wasser
wer mag: Würfel von Wasser- oder Honigmelone
*   oder Erdbeeren*

Minz-Sirup und Wasser im Verhältnis 1:3 oder 1:4 – ganz nach Geschmack – verrühren. In die Espressobecher füllen, anfrieren lassen. Dann die Löffelchen hineinstecken und durchfrieren lassen. Fertig!

Alternativ kann man auch Holunder-Sirup oder jeglichen anderen Sirup verwenden. Je nach Sirup eventuell verschiedene, im Geschmack passende, winzig klein geschnittene Obstwürfelchen dazugeben. Zu Holunder passt zum Beispiel Erdbeer-Pfirsich-Aprikose. Zu Minze Honigmelone.

Tipp: Minz-Sirup kann man selber machen. Die Anleitung für Sirup steht auf > S. 58. Man lässt die Zitrone weg und ersetzt die dort erwähnten Kräuter durch Minze.

So einfach wie genial ist dieses Dessert. Die Süße hängt von den verwendeten Keksen und den Amarettini ab. Ist das Eis für Kinder, lässt man den Amaretto weg.

AMARETTINI-EIS IM KEKSMANTEL

Rechteckige Kekse, z. B. Butterkekse
200g Amarettini
2–3 EL Amaretto
200g Sahne
eine Prise Salz
3 EL Schokoperlen

Amaretti mit einem Nudelholz zerbröseln und mit Amaretto beträufeln. Die Sahne mit einer Prise Salz steif schlagen. Amarettini-Brösel und Schokoperlen vorsichtig unterheben.

Eine rechteckige Form mit den Keksen auslegen, Amarettini-Sahne darauf verteilen und glattstreichen. Mit einer zweiten Lage Kekse in der gleichen Anordnung abdecken und mindestens 1 Std. in das Gefrierfach stellen. Entlang der Kekse in Portionen teilen und servieren.

Tipp: Man kann auch etwas Walnusskrokant von S. 126 unterheben. Statt Amaretto schmeckt auch z. B. Schlehenlikör.

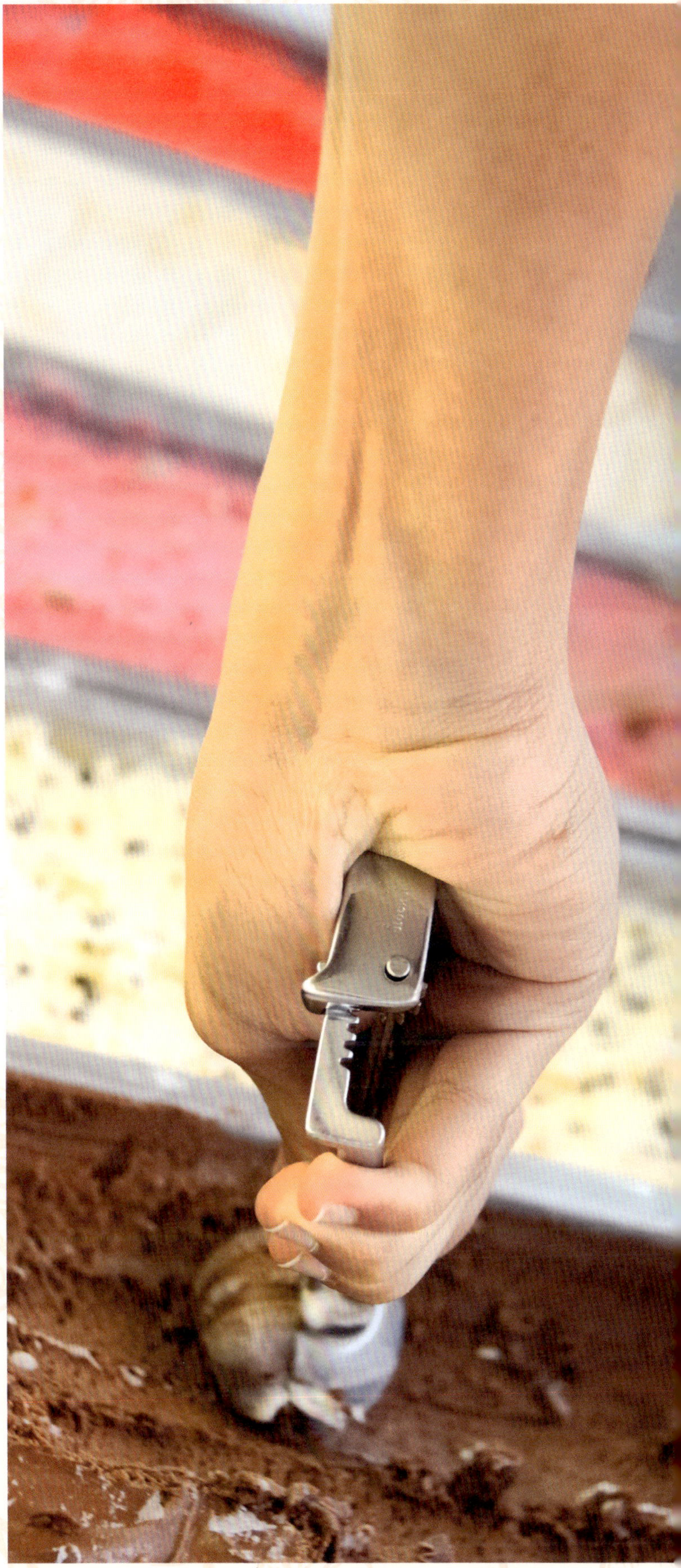

Ach du dickes Ei

STRAUSSENNEST WIEDEMANN

Zwanzig Hühnereier ergeben ein Straußenei. Da muss man schon einen sehr großen Kuchen backen. Barbara Wiedemann lacht, für sie kein Problem. Denn bei ihr sitzen oft acht Personen am Mittagstisch. Der Schwiegervater, ihr Mann Klaus, die drei Kinder und die beiden Auszubildenden. »Wenn mal nicht alle da sind, machen wir zuerst Rührei, dann Eierspätzle und aus dem Rest noch einen Kuchen.«

Der Strauß ist ein Laufvogel aus Afrika. Weil die Eier dort vor hungrigen Raubtieren geschützt werden müssen, haben sie eine sehr dicke Schale. Daher kann man aus ihnen auch allerlei Dekorationsgegenstände herstellen.

Die afrikanische Herkunft ist auch der Grund, dass die Küken (die immerhin schlupffrisch ganze

eineinhalb Kilo wiegen) extrem viel Wärme brauchen. »Wie in einer Sauna«, meint Barbara Wiedemann, fühlt man sich, wenn man den Stall betritt. Herrscht feuchtes Wetter, kommen die Kleinen zunächst nur mittags raus. Danach aber dürfen sie zusammen mit den Großen rennen, wie es ihre Natur braucht. Tag und Nacht steht der Stall offen. Sie bekommen frisches Gras im Sommer, Heu im Winter, dazu Getreide. Rund 90 Strauße kann man in Memming bei Hofstetten bestaunen, von den Küken bis hin zur Zuchtgruppe für den Nachwuchs.

Dass es den imposanten Tieren bei den Wiedemanns gut geht, merkt man gleich, wenn man den Hof besucht. Erst werden die Gäste etwas kritisch beäugt, dann kommen die ganz Mutigen und nach

ANPASSUNGSFÄHIG | Obwohl Strauße aus Afrika stammen, kommen sie mit unserem Klima zurecht.

und nach alle: Strauße sind extrem neugierig, recken ihre langen Hälse und schauen, ob hinter dem Gitter nicht noch besseres Gras wächst. Hahn Matcho passt dabei auf seine Hennen auf!

Strauße brauchen drei ganze Jahre, bis sie geschlechtsreif werden; will man Straußeneier, muss man also Geduld haben. Und erst nach einem guten Jahr erkennt man überhaupt, was Männlein, was Weiblein ist. Die Hähne haben dann fast schwarzes Gefieder und einen rötlichen Schnabel. Und weil der Hahn seine Hennen (und freilich deren Eier) verteidigt, haben die Wiedemanns einen Teleskopbesen zum Eiersammler umfunktioniert.

Straußenfleisch ist extrem fettarm, dabei kernig im Geschmack, außerdem enthält es viele Vitamine und Eisen. Man kann es grillen, schmoren und als Steak oder Schnitzel kurz braten. Auch roh als Tatar oder Carpaccio schmeckt es vorzüglich. Die Wiedemanns verwerten das ganze Tier, alles, was Verwendung finden kann, wird genutzt. Manche Stücke taugen nur als Hundefutter, aus dem Hals kann man Suppe kochen, das beste Fleisch steckt in den großen Keulen. Aus der Leber bereitet der Metzger würzige Leberwurst, aus anderen Teilen Würste oder ausgesprochen feinen Straußenleberkäs zu. Dies alles gibt es im kleinen Hofladen – inzwischen auch mehrere Sorten Käse, den eine mobile Käserei aus der Milch der eigenen Weidekühe herstellt. Aber von Straußenfedern über -leder bis hin zu dekorativen Lampen aus den Eiern oder Straußeneierlikörbonbons findet man hier alles rund um den Vogel Strauß.

Aus der Keule werden auch Schnitzel oder Steaks geschnitten. Sie schmecken kurzgebraten hervorragend. Dazu passt die fruchtige Kirschsoße von › S. 120.

VARIATIONEN VOM STRAUSSENFLEISCHSALAT, STRAUSSENTATAR UND STRAUSSENCARPACCIO

Dreierlei Salate vom kalten Braten
Reste von Braten oder Tafelspitz,
  dünn aufgeschnitten
Meerrettich
Sommergemüse
Olivenöl, Balsamico
1 rote Zwiebel
milder Hartkäse

Fleisch anrichten und Späne frischer Meerrettichwurzel darüber verteilen.

Variante mit Sommergemüse
Zucchini in der Pfanne braten, Bohnen blanchieren, Tomaten in mundgerechte Stücke schneiden. Mit dem Straußenfleisch vermengen und mit Balsamico, Salz, Pfeffer und Olivenöl würzen.

Variante Fleisch-Käse-Salat
Wiedemanns lassen aus der Milch der eigenen Kühe Käse herstellen. Käse und Fleisch fein würfeln, eine rote Zwiebel in dünne Ringe schneiden. Salat mit mildem Essig, Salz und Pfeffer würzen.

Dreierlei Tatar / Straußen-Carpaccio
1 Filet vom Strauß
Kapern
Oliven
eingelegte Pilze
Mozzarella
Parmesan, gehobelt
Pinienkerne, geröstet
Olivenöl
Salz, Pfeffer
Muskatnuss

Für das Straußentatar die schmaleren Enden des Filets abtrennen, mit einem scharfen Messer fein hacken, mit Salz, Pfeffer, etwas Muskatnuss und Olivenöl abschmecken. Dann in drei Portionen teilen: Je eine mit Kapern, eine mit Oliven und eine mit eingelegten Pilzen vermengen.

Das Mittelstück des Filets am besten anfrieren lassen, dann in hauchdünne Scheiben schneiden. Mit einigen davon Mozzarella-Stücke einwickeln. Den Rest fächerartig auf Teller verteilen, Parmesan darüberhobeln und mit gerösteten Pinienkernen bestreuen.

Tafelspitz kennt man vom Rind, aber auch Straußenfleisch schmeckt sanft gegart hervorragend.

TAFELSPITZ VOM STRAUSS

1 schöner Braten vom
   Strauß
ca. 800 ml Geflügelbrühe

Meerrettichsoße
¼ l Brühe vom
   Straußen-Tafelspitz

¼ l Sahne
150 g Meerrettich, frisch
   gerieben
50 g Toastbrot ohne Kruste,
   fein gewürfelt
1 Eigelb
Salz, weißer Pfeffer

Das Straußenfleisch in die heiße Brühe geben, einmal aufwallen lassen und dann auf kleinster Flamme ca. 2–2,5 Std. mehr ziehen als kochen lassen. Garprobe machen, das Fleisch sollte weich und zart sein.

Für die Soße vom Kochsud ¼ Liter abnehmen und mit Meerrettich und Sahne bei mittlerer Hitze 10 Min. kochen. Mit dem Pürierstab aufmixen und durch ein Sieb gießen. Brotwürfel zugeben und weitere 10 Min. köcheln lassen. Dann etwas abkühlen lassen, das Eigelb unterrühren und mit einem Schneebesen kräftig aufschlagen. Die Soße warmhalten, sie darf aber nicht mehr kochen. Wer mag, gibt kurz vor dem Servieren noch etwas frischen Meerrettich zu.

Fleisch in dünne Scheiben schneiden und mit der Soße servieren. Dazu passen Semmelknödel und Wurzelgemüse.

Bayerischer Sommertraum

BIERGENUSS IM KASTANIENSCHATTEN

Wie gut, dass es früher keine Kühlschränke gab! Warum? Sonst gäb's wahrscheinlich keine Biergärten. Denn Bier muss kühl gelagert werden, sonst verdirbt es. Man braute daher im Monat März letztmalig vor dem Sommer ein besonders kräftiges Bier, das »Märzen«. Und man lagerte es in Bierkellern. Damit sie möglichst wenig von der Sommerhitze abbekommen, pflanzte man Kastanienbäume, die tiefen Schatten werfen. Bald stellte man Tische und Bänke darunter, wo die Menschen sich niederlassen und Bier trinken konnten. Die Brauereien hatten zwar eine Schanklizenz, aber zu essen durften sie nichts anbieten. Das brachte man selber mit. In vielen Biergärten darf man das heute noch, es stehen aber auch Biergartenklassiker wie Brezen, Obatzda oder Steckerlfisch auf der Speisekarte.

Im herrlichen Garten von Schloss Blumenthal genießt der Gast Bio-Spanferkel, dazu Bio-Knödel und Bio-Bier. Oder man besucht das Landhausbräu Koller in Hergertswiesen mit wunderschönem Wirtshaus, Kapelle und Kräutergarten. Ausgezeichnet die Küche, köstlich das Brauerpfandl und kreativ und probierenswert der Dessertteller mit süßen Bier-Köstlichkeiten. Ein Biersommertraum!

BIERGARTENSOMMER | Ob unter Bäumen oder am See – Bier schmeckt draußen am besten.

105

Würziger Biersenf oder pikanter Orangensenf –
neue Varianten des Biergartenklassikers. Im Winter
füllt man Ofenkartoffeln damit!

Für Steckerlfisch nimmt man meist Makrelen.
Aber heimische Fische auf diese Art zubereitet,
schmecken besonders gut.

OBATZDA SPEZIAL MIT SENF

2 EL Schnittlauchröllchen
100 g Brie
100 g Romadur
100 g Butter
1 Schalotte
1 EL Senf
1 Prise Salz, Pfeffer
Paprikapulver
1 Msp. geriebener Kümmel

Brie, Romadur, Butter und die Schalotte in kleine
Würfel schneiden. Wenn alle Zutaten Zimmertemperatur angenommen haben, mit einer Gabel
leicht zerdrücken und zusammen mit dem Senf
(> S. 186) gut vermischen. Mit Salz, Pfeffer,
Kümmel und Paprikapulver abschmecken und
durchziehen lassen.

Tipp: Ein richtiger bayerischer Obatzda besteht
aus Camembert oder Brie, Romadur, Butter und
Gewürzen. Andere Käsesorten gehören eigentlich
nicht hinein.

STECKERLFISCH MIT RENKE

4 Renken
¼ l Olivenöl
Saft und Zesten von
    1 Bio-Zitrone
Chiliflocken

1 TL Fenchelsamen
Salz, Pfeffer
je 2 – 3 EL Rosmarin,
    Thymian, Majoran
    und Petersilie

Zunächst die Marinade zubereiten. Dazu Olivenöl
und Zitronensaft sowie kleingehackte Zesten gut
vermischen. Die Kräuter unterheben. Optimal ist
es, wenn man frische Kräuter nimmt; Thymian
und Majoran können auch getrocknet verwendet
werden.

Die Fische säubern, salzen und dann innen und
außen mit der Marinade einreiben. Anschließend
lässt man sie abgedeckt im Kühlschrank etwa 12 Std.
durchziehen.

Fische eine ½ Std. vor dem Grillen aus dem Kühlschrank nehmen. Hat man eine Vorrichtung zum
Grillen der Fische, steckt man sie auf die sehr gut
eingeölten Stäbe. So oder so sollte man die Fische
nicht direkt auf der Glut, sondern neben der Glut
grillen, bis sie außen knusprig, innen durch, aber
keinesfalls trocken sind. Je nach Größe der Fische
dauert das ca. 20 Min. Ideal ist ein Abstand der
Fische zur Glut von 20 – 30 cm.

Im März braute man früher Bier, das einen höheren Alkoholgehalt hat, damit es länger hält. Denn Kühlschränke gab es früher ja nicht.

Täuschend echt sehen die Kastanien aus. Backlauge bekommt man beim Bäcker oder bei speziellen Versendern.

MÄRZENBIERPARFAIT

Für 8 Portionen:

300 g Zucker	5 Eigelb
150 g Haselnüsse, fein gehackt	100 ml Märzenbier
2 EL Sonnenblumenöl	1 l Sahne

150 g Zucker in einer Pfanne hellbraun karamellisieren. Die Nüsse zugeben und mit dem Karamell vermischen. Die Masse sofort auf ein geöltes Blech streichen und auskühlen lassen. Den Krokant zerkleinern, die Sahne steif schlagen.

Eigelb, den restlichen Zucker sowie das Bier in einer Edelstahlschüssel verrühren. Im heißen Wasserbad sehr cremig aufschlagen, anschließend in Eiswasser kalt schlagen. Dann die Sahne und den Krokant unterheben. Eine Kastenform mit Frischhaltefolie auslegen und die Masse einfüllen. Mindestens 8 Std. einfrieren.

Zum Anrichten die Form kurz in heißes Wasser tauchen, Folie entfernen, das Parfait in feine Scheiben schneiden und mit Fruchtsoße servieren.

Tipp: Für die Fruchtsoße z. B. Erdbeeren mit etwas Zucker und Zitronensaft pürieren. Dann durch ein Sieb streichen. Lässt sich gut einfrieren.

LAUGENKASTANIEN

1 kg Dinkelmehl
1 Würfel Hefe
100 ml Bier
2 gestrichene TL Salz
50 g Butterschmalz
Wasser
Brezenlauge

Mehl in eine Schüssel geben, in der Mitte eine Vertiefung eindrücken und die Hefe hineinbröseln. Bier leicht erwärmen, über die Hefe geben und mit etwas Mehl zu einem Vorteig rühren. Gehen lassen, bis er sich verdoppelt hat. Salz und Schmalz zugeben. Mit handwarmem Wasser zu einem geschmeidigen Teig verarbeiten.

Idealerweise über Nacht im Kühlen gehen lassen. Ansonsten gehen lassen, bis sich der Teig wieder verdoppelt hat. Anschließend zu Strängen formen. Diese auf einem Backblech nochmal 10 Min. gehen lassen und das Blech in die Tiefkühltruhe stellen, bis die Stränge angefroren sind. Die leicht angefrorenen Stränge erst in die Lauge tauchen, anschließend in ca. 2 cm dicke Scheiben schneiden, auf das Backblech legen und sofort bei 250 °C backen.

Ein Goldener Stern

LEBENDIG — LEIDENSCHAFTLICH — LIEBENSWERT

ANSTECKENDE LEIDENSCHAFT | Sohn Stefan und Mutter Viktoria zaubern gemeinsam Köstlichkeiten in der Küche vom Goldenen Stern.

$\mathcal{E}$s soll an dieser Stelle noch einmal erwähnt werden: Im Goldenen Stern zu Rohrbach entstand die Idee zu diesem Buch. Überrascht von einer wunderbaren Küche, der unkomplizierten Fröhlichkeit, den heimeligen Räumen fragten wir uns, warum wir das Wittelsbacher Land nicht vorher entdeckten. Viktoria Fuß, die Senior-Chefin, schimpfte ein wenig: »Alle fahren Richtung Süden, dabei ist es hier so schön!«

Sohn Stefan hat sein Handwerk von der Pike auf gelernt, zunächst die Lehre im »Herzog Ludwig« in Friedberg, einem Gourmet-Restaurant. Danach war er »unterwegs«, wie er sagt. Er kochte bei Hans Haas im legendären Tantris in Schwabing, dann in England beim mit zwei Michelin-Sternen ausgezeichneten Restaurant L'Enclume, dessen

Patron Simon Rogan sein Gemüse selber zieht. Kein Wunder also, dass man Stefan Fuß kurz vor der Mittagszeit bisweilen in seinem Garten sieht, mit Schüssel und Schürze, um Kräuter zu pflücken oder Beeren zu ernten.

Ihm und seinem Team gelingt es mit Leichtigkeit, zwischen Landlokal und Gourmettempel, zwischen Oxenbraten mit hausgemachten Knödeln und »gepuderter Schweinebacke« oder Fichtenwipfel-Gel zu wechseln. »heimkost« nennt er seine kreativen Menüs, die einträchtig neben dem Rohrbacher Schnitzel und Wittelsbacher Marktsalaten auf der Karte stehen. Das meiste, was in die Küche wandert, stammt aus der Region von Bauern und Gärtnern. Das Motto des Hauses passt perfekt: »In kleinen Dingen groß sein.«

KLEINE KÜCHENGEHEIMNISSE | Das Team arbeitet mit Konzentration, aber auch mit viel Freude und Leidenschaft – das schmecken die Gäste.

Wenn auf der Karte im Goldenen Stern »Gartenkräuter« stehen, dann kommen sie manchmal sogar aus dem eigenen Garten. Dort wachsen Thymian, Schnittlauch, Petersilie und vieles andere mehr. Andere Kräuter und Gemüse bezieht Stefan Fuß direkt und erntefrisch von Gärtnern aus der Region.

GARTENKRÄUTER-KNUSPERSCHNITZEL

4 dünne Schnitzel vom
Schwein oder Kalb
etwas Mehl
1 Ei
Semmelbrösel
Cornflakes, ungesüßt
Kräuter wie Thymian
oder Petersilie
Rapsöl
Salz, Pfeffer

Zunächst die Panade vorbereiten: Die Kräuter fein hacken. Die Cornflakes mit einem Nudelholz etwas zerkleinern, mit Bröseln und Kräutern gut mischen. Ei in einem Teller mit der Gabel gut verrühren und salzen. Einen weiteren Teller mit griffigem Mehl bereitstellen. Schnitzel zuerst in Mehl, dann im Ei und schließlich in den Kräuterbröseln wenden.

In reichlich Rapsöl knusprig ausbacken.

Dazu serviert man im Goldenen Stern ebenso knusprige Bratkartoffeln mit frischem Schnittlauch und einen bunten Gartensalat.

Panade: Knusprige Vielfalt

Klassische Panade besteht aus Mehl, Ei und Semmelbröseln. Gerade bei Gemüse wie Zucchinistreifen oder Spargel empfiehlt es sich, doppelt zu panieren. Man wiederholt die letzten beiden Schritte und wendet nochmals in Ei und nochmals in den Semmelbröseln.

Mit Bratfett sparen sollte man beim Panieren nicht, sonst wird die Panade nicht knusprig.

Cornflakes, wie hier beim Knusperschnitzel, sind eine Möglichkeit, die Panade zu variieren. Man kann auch Sonnenblumen-, Kürbiskerne oder Mandelsplitter verwenden. Die Kerne röstet man in der Pfanne trocken an, bis sie duften und hackt sie anschließend. Für Fisch kann man auch Kokosflocken verwenden.

Eine weitere Variante ganz ohne Brot: Mandelsplitter mit einem schweren Messer ganz klein hacken und mit Hafer- oder Dinkelflocken vermischen.

Fleisch bezieht man im Goldenen Stern aus der Region, doch die Koteletts kommen direkt von der Erzeugergemeinschaft aus Schwäbisch Hall, denn die Qualität ist unschlagbar. Die Auberginengraupen geben auch ein feines, vegetarisches Hauptgericht ab.

KOTELETT VOM SCHWÄBISCH-HÄLLISCHEN LANDSCHWEIN MIT GEBRATENEN STEINPILZEN UND AUBERGINENGRAUPEN

Koteletts

*ca. 1 kg Schweinskarree
    mit Schwarte*
Rapsöl
Butter
Thymian, Brotgewürz
*Rohrbacher Knuspersalz
    oder Fleur de Sel*

Graupen

200g Graupen
1 Zwiebel
Butter
Gemüsebrühe
1 Aubergine
Zitronensaft, Thymian
bestes Olivenöl

Pilze

*200g Steinpilze, ersatz-
    weise Egerlinge*
etwas Petersilie
konzentrierte Kalbssoße

Das Karree von der Schwarte befreien, die Schwarte im Ofen bei 150°C 1 Std. backen, abkühlen lassen und fein mahlen. Fleisch in etwa 3 cm dicke Koteletts schneiden. In Rapsöl anbraten und anschließend bei 90°C für 20–25 Min. in den Ofen schieben.

Kurz vor dem Servieren die Koteletts in schaumiger Butter mit Thymian und Brotgewürz nachbraten und mit der gemahlenen Schwarte sowie Knuspersalz bestreuen.

Für die Auberginengraupen Auberginen schälen und in 1,5 cm dicke Scheiben schneiden, mit Zitronensaft und Thymian würzen. Dann im Vakuumbeutel 20 Min. bei 100% Luftfeuchtigkeit dampfgaren. Abkühlen lassen und in Würfel schneiden. Alternativ die Auberginen würfeln und in Zitronensaft, ~~Thymian~~, etwas Salz und ganz wenig Wasser garen, bis sie schön weich sind. Zwiebel fein würfeln und in Butter anschwitzen, Graupen dazugeben. Dann nach und nach mit heißer Gemüsebrühe angießen und bissfest garen. Wenn die Graupen fast gar sind, die Auberginenwürfel vorsichtig einarbeiten und mit Olivenöl, Butter, geriebenem Parmesan sowie frisch gemahlenem Pfeffer würzen. Zum Servieren mit Schnittlauch bestreuen.

Die Pilze trocken abreiben und in mundgerechte Stücke zerteilen, zunächst in Öl bei großer Hitze anbraten, Salz zufügen, damit die Pilze etwas Wasser verlieren, dann Temperatur herunterschalten, etwas Butter zugeben, mit konzentrierter Kalbssoße, frisch gemahlenem Pfeffer und gehackter Petersilie würzen.

Ein feines Pastagericht, das wenig Arbeit macht und nach Sommer und Süden schmeckt. Trofie sind gedrehte Nudeln aus Ligurien.

TROFIE MIT BABYSPINAT

350 g Trofie
500 g Babyspinat, geputzt
einige getrocknete Tomaten, gehackt
1 Schalotte, gehackt
Olivenöl, etwas Butter
¼ l Kalbs- oder Hühnerfond
Sahne
Parmesan, frisch gerieben

Schalotte in Butter goldgelb andünsten, Tomaten dazugeben und kurz mitschmoren lassen. Die Pfanne sollte so groß sein, dass das gesamte Gericht darin Platz hat. Beiseite stellen.

Den Fond in einen Topf geben, etwas einkochen lassen. Die frische Sahne dazugeben, abschmecken und kurz vor dem Servieren mit einem Pürierstab aufmixen.

Pasta bissfest garen. Mit dem Spinat in die Pfanne zu dem Schalotten-Tomaten-Gemisch geben und kurz durchdünsten.

Dann auf Portionstellern anrichten, mit den Kräutern verzieren und mit der Soße umgießen. Etwas Olivenöl darüberträufeln und mit dem Parmesan servieren.

Herbstgenuss

EINE GOLDENE ERNTEZEIT:
FRÜCHTE VOM BAUM, PILZE AUS DEM WALD, GEMÜSE ZUM EINLAGERN

Alpenblick inklusive

HERBSTSTIMMUNG IM SEENLAND

BERGBLICK | Zum Greifen nah sind die Berge an Föhntagen. Jetzt heißt es wandern statt baden.

IL PLONNER | Bayerisch-italienischer
Dorfgasthof, feine Küche, Bio-Hotel

Bio-Himmel

REGIONAL GEERDET –
ITALIENISCH INSPIRIERT

Der alte Dorfkern von Oberpfaffenhofen hat Charme. Dort steht, wie es sich gehört, die Dorfwirtschaft neben Maibaum und Kirche. Kastanien beschatten den Biergarten und auf der Karte gibt's Schweinebraten mit Knödel. Man wundert sich etwas über das »Il«, aber Plonner hieß die Wirtschaft schon immer. Der zweite Blick auf die Speisekarte mag dies erklären, denn Pasta, Pizza & Co. gesellen sich zu den bayerischen Spezialitäten. Neugierig geworden, entdeckt man dann das Schild »Bioland zertifiziert«. Man betritt die Gaststube, findet Gartenblumen auf den Tischen, der Blick fällt auf die Tageskarte. Die wiederum zaubert Feinschmeckern ein Lächeln ins Gesicht – Rehragout mit Schnittlauchspätzle, Wolfsbarsch auf Paprikaschaum, rosa gebratener Wildschweinrücken …

Wie das alles zusammenpasst, sei hier erklärt: Die Wirtsleute Carola und Domenico Petrone betrieben eine In-Kneipe im Herzen Augsburgs, Domenico stammt aus Italien, vom schönen Gargano. Als die Kinder kamen, waren die »wilden Jahre« vorbei, man fand das alte Gasthaus auf dem Land, renovierte die Zimmer nach baubiologischen Gesichtspunkten und machte ein Bio-Hotel daraus. Gaststube und Biergarten sollen Dorfwirtschaft bleiben, dabei möchte man auch feine Küche bieten. Dies wiederum gelingt dem leidenschaftlichen Koch Udo Kloss hervorragend, der spielerisch Bodenständiges und Kreatives vereint. Auf die Frage, warum »Bio«, zuckt er die Achseln und antwortet: »Das andere schmeckt doch nicht.«

Wäre hier mehr Platz, könnte man noch ausführlicher von Carola Petrones Bio-Kinder-Catering erzählen. Als der eigene Nachwuchs in Kindergarten und Schule kam, suchte man dort nach jemandem, der Mittagsverpflegung mit frischen Zutaten macht, doch niemand bot dies an. Also nahmen die Eltern Petrone die Sache selbst in die Hand. So entstand »Il cielo«, die Bio-Frischkoch-Küche für Kinder. In verschiedenen Schulküchen wird nun abwechslungsreiche Kost gemäß den Jahreszeiten mit vornehmlich regionalen Zutaten gekocht. Cielo heißt übrigens Himmel auf Italienisch, hier die Bio-Version.

Eine feine Vorspeise, die man ausgezeichnet vorbereiten kann. Vielleicht wird das Gericht deshalb als »Hausfrauen-Art« bezeichnet.

MATJES-TATAR MIT ROTER BETE

4 doppelte Matjesfilets
2 säuerliche Äpfel
etwas Dill, gehackt
2 rote Zwiebeln
etwas Sauerrahm
4 Essiggurken
300 g kleine Salatkartoffeln,
* gekocht*
Salz
Pfeffer
Zucker
etwas Essig
1 Rote Bete, gekocht

Aus Wasser, Salz, Pfeffer, Essig und Zucker einen Sud kochen. Einen Apfel und eine Zwiebel in dünne Scheiben schneiden. Apfel und Zwiebel getrennt in Schüsseln geben und jeweils mit dem kochenden Sud aufgießen, dann kühlen.

2 Essiggurken längs in dünne Scheiben schneiden und wieder in das Gurkenwasser einlegen.

Die Matjesfilets in dünne Steifen schneiden; von jedem Filet jedoch etwa 5 cm bis zum Schwanz übrig lassen. Für das Tatar 2 Essiggurken, 1 Zwiebel, 1 Apfel und die Hälfte der Kartoffeln sowie die Rote Bete in kleine Würfel schneiden und mit den Matjesstreifen vermengen, mit Dill, Salz, Pfeffer, etwas Zucker und 3–4 EL Sauerrahm abschmecken.

Zum Anrichten einen Ring auf den Teller stellen und etwas von dem Matjes-Tatar einfüllen, die Apfel- und Gurkenscheiben anlegen, das Matjesstück aufrecht dazustellen und mit den Zwiebelringen und Dill garnieren. Schließlich die restlichen Kartoffeln, die man in Petersilienbutter sautiert hat, anlegen.

Tipp: Klassischer Matjes ist aus Heringen gemacht. Einige Fischer und Teichwirte bieten heimischen Fisch wie Renke, Saibling oder Forelle an, die wie Matjes eingelegt sind. Dann unbedingt zugreifen, denn sie schmecken ausgezeichnet. Beim Il Plonner wandert nur nachhaltig gefischter und zertifizierter Meeresfisch in die Küche.

Jus ist nochmals reduzierter Fond. Wildfond können Sie nach dem Rezept auf **>** S. 143 zubereiten; dazu nimmt man Knochen vom Wild und außerdem noch Wacholderbeeren.

WILDSCHWEINRÜCKEN MIT MOHNSCHUPFNUDELN, BROKKOLI UND SÜSSKARTOFFELPÜREE

800g Wildschweinrücken
Rosmarinzweige

Soße
100g Sauerkirschen
Cassis-Likör
¼ l Wildjus

16 Brokkoliröschen
100g Maronen, gekocht
  und geschält
80g Mandelbutter

Süßkartoffelpüree
400g Süßkartoffeln, geschält
etwas Butter, Chili
Salz, Pfeffer, Zucker

Schupfnudeln
1kg mehlige Kartoffeln
200g Mehl, etwas Mohn
40g Kartoffelstärke
1 Ei, 2 Eigelbe
Salz, Pfeffer, Muskatnuss

Wildschweinrücken salzen und pfeffern, mit Butter von allen Seiten anbraten, mit Rosmarin belegen und im Ofen bei etwa 100 °C in ca. 30 Min. auf 56 °C Kerntemperatur braten (mit einem Fleischthermometer messen!).

Für die Soße die Kirschen in Butter anschwitzen, mit Cassis ablöschen, mit Wildjus auffüllen und sämig einkochen, ggf. etwas binden.

Die Brokkoliröschen 2 Min. dämpfen, dann in Eiswasser abkühlen. Kurz vor dem Servieren in Butter erwärmen und mit Salz, Pfeffer, etwas Zucker und Muskatnuss würzen.

Für die Mandelbutter die Butter leicht bräunen und mit gerösteten Mandelblättchen vermengen.

Die geschälten Süßkartoffeln dämpfen, bis sie gut weich sind, dann mit Butter, Salz, Pfeffer, etwas Zucker und Chili pürieren und in einen Spritzbeutel füllen, warmstellen.

Die Maronen kurz in Butter schwenken.

Für die Schupfnudeln Kartoffeln in der Schale kochen, schälen, durch eine Presse drücken und ausdampfen lassen. Mit den anderen Zutaten zu einem geschmeidigen Teig kneten. Auf einem bemehlten Backbrett längliche Nudeln formen. In siedendem Salzwasser leise gar ziehen lassen. Mit einem Sieblöffel herausnehmen. Kurz vor dem Servieren Butter in einer Pfanne zerlassen, Mohn einstreuen und die Schupfnudeln darin braten.

Anrichten: Soße in die Mitte geben, drei Brokkoliröschen ringsum mit Mandelbutter nappieren, dann Süßkartoffelpüree aufspritzen, Schupfnudeln und Maronen dazwischensetzen, den Rücken zwischen den Rippen durchschneiden (sollte zart rosa sein) und auf die Soße setzen.

Williamsbirnen haben einen aromatischen Geschmack, sie sollten für dieses Rezept aber nicht überreif sein. Für Mousse und Soße sollte man gute Schokolade verwenden.

BIRNEN IN WEISSWEIN MIT SCHOKOLADENSOSSE UND WEISSER MOUSSE AU CHOCOLAT

Birnen
4 Williamsbirnen, geschält
½ l Weißwein
100 g Zucker
2 Sternanis
1 Zimtstange
etwas Zitronenschale
1 Vanilleschote (ohne das Mark)

Schokosoße
¼ l Sahne
1 EL Zucker
250–300 g dunkle Schokolade
etwas Rum

Mousse
200 g weiße Schokolade
2 Blatt Gelatine
4 Eigelbe
50 g Zucker
4 EL Milch
300 ml Sahne

Für die Birnen die Zutaten für den Sud aufkochen, die Früchte darin nicht zu weich dünsten.

Für die Soße die Sahne erhitzen, den Zucker dazugeben. Schokolade hacken und in der Sahne unter ständigem Rühren auflösen, mit Rum abschmecken. Nicht kochen, sonst gerinnt alles!

Für die Mousse die Schokolade schmelzen, Gelatine in kaltem Wasser einweichen. Eigelbe mit Zucker und Milch über Wasserdampf cremig aufschlagen, dann die Gelatine zugeben und auflösen, nun die geschmolzene Schokolade einrühren. Das Ganze unter ständigem Rühren auf etwa 25 °C abkühlen lassen. Sahne steif schlagen und unterziehen; mindestens 5–6 Std. kaltstellen.

Anrichten: Von der Mousse mit einem in heißes Wasser getauchten Esslöffel 2 Nocken ausstechen und auf einen Teller setzen, die gut warme Birne aufrecht danebenstellen, anschließend mit der Schokosoße überziehen und mit gerösteten Mandelblättchen bestreuen.

Wer mag, kann mit Fruchtsoße, Minze oder auch einer Johannisbeerrispe garnieren.

Tipp: Zur Verzierung eine Fruchtsoße wie auf ❯ S. 107 beschrieben herstellen. Die weißen Streifen macht man mit einer Mischung aus Joghurt und Sauerrahm.

Datschiburgs Wahrzeichen

DIE WIRKLICHE GESCHICHTE VOM ZWETSCHGENDATSCHI

CAFÉ EICKMANN | In Augsburgs bekanntem Café wurde der Datschi berühmt gemacht – auch als Geschenk an den Bundespräsidenten.

Fragt man ältere Augsburger nach dem Café Eickmann, leuchten die Augen wegen der schönen Erinnerungen. Im Zentrum der Stadt, in der Prinzregentenstraße, war die »Conditorei Eickmann«, eine der guten Stuben der Stadt. Der pfiffige Gründer, Konditormeister Theodor Eickmann, sann nach einem legendären Gebäck, das ihn und die Stadt Augsburg bekannt machen könnte. Er »erfand« einen Zwetschgendatschi als Dauergebäck.

»Ein süßer Gruß aus Augsburg! Wie Nürnberg seine Lebkuchen, wie Aachen seine Printen und Lübeck seinen Marzipan, so spricht man hier vom ›Augsburger Datschi‹. (...) Seit über 40 Jahren fabrizieren wir als Alleinhersteller diese dauerhafte Zwetschgentorte.« Auch Pralinen in der Form der Zirbelnuss im Stadtwappen gehörten zum Angebot der Konditorei, die es heute leider nicht mehr gibt. Zum Glück half uns Thomas Eickmann, Konditormeister und Nachfahre des Gründers mit dem Rezept, so dass der berühmte Eickmann-Datschi erhalten bleibt.

Ebenfalls erhalten ist eine der »Ur-Versionen« des »Tatschi«, wie er im berühmten Augsburgischen Kochbuch der Sophia Weiler genannt wurde. Er wurde in der Ausgabe von 1830 so beschrieben: »Hiezu ist (...) Hefenteig erforderlich. Ist dieser zweymal gegangen, und gut Daumen dick ausgewargelt, nach diesem aber ein Blech mit oder ohne Rand, welches mit Schmalz oder Butter dick geschmiert und mit Semmelbröseln ausgestreut ist, gelegt; der Teig muß dann wieder ein wenig aufgehen, worauf die Zwetschken in Viertel oder Hälfte geschnitten, ausgesteint, recht dicht aneinander gelegt, aber ja nicht in den Teig eingedrückt werden. Die Zwetschken werden mit gewiegten Citronenschalen, gewaschenen geklaubten Weinbeeren, nebst Zucker und Zimmt (...) bestreut, der Kuchen schön rösch gebacken (...). Wer es liebt, kann vor dem Backen gewiegte Mandeln darauf streuen.«

123

Die Augsburger Zirbelnuss ziert den Eickmann-Datschi. Dieser »dauerhafte« Datschi wurde als Geschenk der Stadt Augsburg an namhafte Besucher wie Bundespräsident Lübke überreicht.

ORIGINAL EICKMANNS ZWETSCHGENDATSCHI

Teig

380g Mehl, Type 550
200g Butter
150g Zucker
100g Haselnüsse, fein gerieben
    und geröstet
50g feinste Honigkuchenbrösel
2 Eier
4g Lebkuchengewürz
2g Salz

Belag

500g Zwetschgenkonfitüre
1 Eigelb
etwas Milch
etwas Salz

Aus den Zutaten für den Teig einen Mürbteig herstellen und über Nacht kühlstellen. Den Boden einer Springform von 28 cm Ø mit Backpapier auslegen, der Rand der Springform wird gefettet.

Ca. 600 g Teig ½ cm dick ausrollen und in die Springform legen. Für den Rand verwendet man ca. 300 g Teig, dieser wird zu einer langen Schlange gerollt und mit den Fingern an den Rand gedrückt.

Zwetschgenkonfitüre daraufgeben und bis an den Rand verstreichen.

Den Rest des Teigs dünn ausrollen, in 1 cm breite Streifen schneiden und als Gitter auf den Kuchen legen.

Eigelb mit etwas Milch und einer Prise Salz glattrühren, Gitter damit bestreichen und bei 180 °C Umluft ca. 20–30 Min. backen.

Datschi erkalten lassen. Darauf die verzierte Marzipanplatte legen, die etwas kleiner als der Kuchendurchmesser sein soll. Als mögliches Motiv empfiehlt sich die Augsburger Zirbelnuss aus Marzipan, das vorher abgeflämmt wird.

Tipp: Die Herstellung von Honigkuchen ist eher etwas für erfahrene Konditoren. Man kann sich mit gekauftem neutralem Lebkuchen behelfen. Aber der Kuchen schmeckt auch ohne die Honigkuchenbrösel.

Mehrere Schritte sind nötig, um den Konditoren-Datschi zu backen. Thomas Eickmann bereitet zunächst eine Art Linzer Torte zu. Sodann wird der Kuchen mit dem Augsburger Stadtwappen verziert.

HONIGKUCHENTEIG

500g Honig
400g Weizenmehl, Type 1050
200g Roggenmehl, Type 997

Zutaten mit Wasser zu einem nicht allzu festen Teig kneten. Zum Aufbewahren ein Tongefäß mit einem Holzdeckel verwenden; darin muss der Teig 6 Monate reifen; kühl, jedoch nicht unter 15 °C, dunkel und trocken lagern. Während des Reifeprozesses nicht öffnen.

Nach der Reifezeit hat sich feiner, braunfarbiger Edelschimmel auf dem Teig gebildet, dieser wird mit in den Teig hineingeknetet; anschließend 1 cm dick ausrollen, mit einer Gabel einstechen, danach bei 195 °C Umluft ca. 15 Min. schön goldgelb backen. Nach dem Erkalten den Honigkuchenteig mit der Küchenreibe fein reiben, trocknen und anschließend in einem luftdichten Gefäß aufbewahren.

MARZIPAN

300g Marzipanrohmasse
100g Puderzucker

Zutaten vorsichtig vermischen, damit das Marzipan nicht ölig wird.

ZWETSCHGENKONFITÜRE

750g Zwetschgen, entsteint, geviertelt
1 kg Gelierzucker 1:1
4g Zimt
2g Salz
Abrieb und Saft einer Bio-Zitrone
0,1 l Zwetschgenwasser

Zwetschgen, Zucker und Gewürze in eine Schüssel geben, durchrühren und 3 Std. ziehen lassen. Dann fein pürieren, in einen Topf geben und aufkochen, dann unter stetigem Rühren 4 – 5 Min. köcheln lassen. Nach dem Kochen Zitronenabrieb und -saft sowie Zwetschgenwasser hinzugeben. Sofort abfüllen.

Eine köstliche Variante des Klassikers mit Quark-Öl-Teig und Walnüssen.

ZWETSCHGENDATSCHI MIT WALNUSSKROKANT

Teig
150 g Magerquark
je 6 EL Öl und Milch
3 EL Rum
75 g Zucker
1 Pck. Vanillezucker
1 Prise Salz
300 g Mehl
1 Pck. Backpulver

ca. 1,7 kg Zwetschgen,
 entsteint, halbiert

Krokant
200 g Walnusskerne
200 g Zucker
100 g Sahne

Backofen auf 175 °C Ober-/Unterhitze vorheizen.

Aus den Zutaten für den Teig einen Quark-Öl-Teig herstellen und auf einem gefetteten Blech ausrollen; mit den Zwetschgen belegen.

Im vorgeheizten Backofen ca. 35 Min. backen.

Nüsse grob hacken. Zucker in einer großen Pfanne goldgelb karamellisieren. Sahne zugießen und unter Rühren köcheln, bis sich der Karamell gelöst hat. Sofort Nüsse unterrühren und auf dem noch heißen Kuchen verteilen. Bei gleicher Temperatur ca. 5–7 Min. weiterbacken.

Eine weitere, sehr saftige Datschi-Variante mit Haselnüssen und Streuseln. Der Teig ist auch der richtige für den »klassischen Datschi«, wie ihn eine Augsburger Hausfrau macht.

ZWETSCHGEN-NUSS-STREUSELKUCHEN & KLASSISCHER DATSCHI

¼ l Milch	250 g brauner Zucker	120 g weißer Zucker
250 g Butter	1 Prise Salz	1 Pck. Vanillezucker
800 g Mehl	2 EL Rum	400 g Haselnüsse, gemahlen
2 Pck. Trockenhefe	6 Eier	1,8 kg Zwetschgen, entsteint, halbiert

Milch erwärmen, 100 g Butter darin schmelzen und etwas abkühlen lassen. 500 g Mehl und Hefe mischen. 80 g braunen Zucker, 1 Prise Salz, Rum, 2 Eier und die Milch zugeben und alles gut verkneten. Zugedeckt an einem warmen Ort ca. 45 Min. gehen lassen.

Für die Nussfülle Haselnüsse, 4 Eier und 170 g braunen Zucker mit den Schneebesen des Rührgeräts vermischen.

Aus 300 g Mehl, 150 g Butter, 120 g weißem Zucker und dem Vanillezucker Streusel herstellen.

Ein tiefes Backblech fetten und mit Mehl ausstäuben. Hefeteig nochmals kurz durchkneten, mit Mehl bestäuben und direkt auf dem Blech ausrollen. Den Teig am Rand ca. 2 cm hochdrücken, die Nussfüllung auf den Teig streichen. Zwetschgen darauf verteilen, Streusel darüberstreuen.

Kuchen im vorgeheizten Backofen bei 175 °C Ober-/Unterhitze 40–45 Min. backen.

Der klassische Zwetschgen-Datschi

Hefeteig wie oben beschrieben herstellen und aufs Backblech rollen. Dann 3 kg Zwetschgen waschen, entsteinen, nicht ganz halbieren und die Spitzen jeweils nochmal einschneiden. Schließlich dicht an dicht (so viel wie möglich) auf den Teig eher stellen als legen.

Backen wie oben. Wer mag, kann den Datschi noch mit etwas Hagelzucker bestreuen. Er schmeckt am besten frisch!

Tipp: Für eine Springform von 26 cm Ø reicht die halbe Menge.

Geflügelhof mit Kapelle

ENGAGEMENT FÜR »UNSER LAND«

Magnus Ruhdorfer ist einer, der sich nicht in den Vordergrund drängt, aber viel bewegt. Er ist mit Leib und Seele Landwirt, engagiert sich beim Regionetzwerk »Unser Land«, ist Marktleiter des Wochenmarktes in Herrsching.

Du engagierst dich bei »Unser Land« – was sind die Beweggründe?
Magnus Ruhdorfer: Mit den »Unser Land«-Produkten erreichen wir auch Kunden, die die Fahrt zu unseren Höfen nicht machen würden, aber trotzdem das Bedürfnis haben, sich mit regionalen Produkten zu versorgen. Mit meinem Engagement in der Solidargemeinschaft möchte ich aktiv dazu beitragen, dass unsere Landwirtschaft in der Öffentlichkeit wieder mehr als Partner wahrgenommen

wird. Als Landwirt und Direktvermarkter ist es mir ein Anliegen, dem Verbraucher unsere Wirtschaftsweise näherzubringen und das eine oder andere Vorurteil auszuräumen. Motto und Bitte: »Reden Sie nicht über uns, sondern mit uns.«

Welche Regeln gibt es für »Unser Land«-Produkte?
»Unser Land« hat für alle Produkte, zusätzlich zu den gesetzlichen Vorgaben, Richtlinien erstellt, um die Regionalität abzusichern.

Wie bist du zur Landwirtschaft gekommen?
War immer meine erste Wahl für meinen Beruf. Nach Ausflügen in andere Bereiche bin ich 2010 wieder in die Landwirtschaft zurückgekehrt. Eine meiner besten Entscheidungen!

KOLLEGIAL | Der Vollblut-Landwirt Magnus Ruhdorfer (zweiter von rechts) und seine Mitstreiter vom Wochenmarkt

STARNBERGER LAND Sonnenacker

Welche Produkte bietet ihr an?

Unser Kerngeschäft sind Eier aus Freilandhaltung. Dann bieten wir Nudeln an, verarbeitet werden die kleinen Eier der Junghennen. Dazu kommt Geflügelfleisch und Wurst von unseren Partnern sowie Kartoffeln der Familie Heidrich aus Frohnloh.

Und wo gibt's eure Produkte?

Unsere Eier gibt's im Eierautomaten 24 Stunden, der Hofladen hat immer freitags 14–18 Uhr geöffnet. Dann sind wir auf dem Wochenmarkt Söcking am Freitagvormittag und natürlich auf dem Wochenmarkt in Herrsching am Samstagvormittag. Dort gibt es auch Obst und Gemüse, Stände mit Fisch, Käse, Fleisch, Honig und vieles andere mehr.

Wie werden die Hühner gehalten? Und was bekommen sie zu fressen?

Das Futter stammt von den eigenen Äckern und ist Gentechnik frei. Die Hühner leben in Freilandhaltung. Sie haben einen Stall zum Eierlegen und Übernachten, dazu eine überdachte Voliere und schließlich 25 000 qm Auslauf. Das dürfte ein ziemliches Hühnerparadies sein, sogar eines mit Blick auf Kloster Andechs.

Ich habe gehört, der Wochenmarkt Herrsching sei der älteste in Bayern. Stimmt das?

»Einer der ältesten« Märkte wäre richtiger. Er wurde als »Grüner Markt« in den 1980er-Jahren ins Leben gerufen.

Der Honig macht das Hähnchen wunderbar zart und die Haut knusprig. Außerdem karamellisiert er die Gemüse ein wenig.

Hühnerbrühe von einem Suppenhuhn hilft gegen Erkältung, das ist inzwischen nachgewiesen. Je älter das Huhn, desto mehr gesunde Inhaltsstoffe!

BRATHÄHNCHEN MIT HONIG

1 schönes Brathähnchen	1 Zwiebel
frische, junge Knoblauchzehen	Thymian
ca. 500 g Wurzelgemüse wie	100 g Blütenhonig
z. B. Karotten, Pastinaken,	etwas Olivenöl
Petersilienwurzel	Salz, Pfeffer

Das Hähnchen mit kaltem Wasser waschen und trocknen lassen. Mit Salz und Pfeffer innen und außen würzen. Gemüse schälen und zerkleinern. Etwas Olivenöl in eine Bratreine gießen, Gemüse darin wenden, dann das Hähnchen darauflegen. Die ungeschälten Knoblauchzehen (sie sollten schön groß und unbedingt frisch sein!) dazugeben. Thymianblättchen darüberstreuen – mehr oder weniger, je nach Geschmack und Würzigkeit des Thymians. Nun mit einem Backpinsel den Honig auf Hähnchen und Gemüse verteilen. Ist der Honig zu fest, etwas erwärmen.

Im Ofen bei 180 °C ca. 40 Min. garen, bis die Haut des Hähnchens schön golden und knusprig ist.

Tipp: Man kann im Sommer auch Tomaten oder Fenchel verwenden.

FEINE HÜHNERSUPPE

1 Suppenhuhn	1–2 Karotten
je 1 EL Thymian, Pfefferkörner	½ Bio-Zitrone
und Piment	3 Lorbeerblätter
1 Stange Bleichsellerie oder /	1 Zwiebel
und etwas Knollensellerie	1 Petersilienwurzel

Die Zwiebel halbieren und im Topf auf den Schnitt-flächen etwas anrösten. Nicht zu sehr, sonst wird die Brühe zu dunkel. Alle anderen Zutaten ein-füllen und mit kaltem Wasser bedecken. Die Suppe aufkochen, dann ca. 2–3 Std. (oder auch länger) köcheln lassen.

Wer mag, kann, sobald das Fleisch zart ist, Brust- und Keulenfleisch des Hühnchens auslösen und z. B. einen Salat daraus machen. Den Rest der Karkasse gibt man wieder in den Topf zurück.

Zum Schluss die Brühe durch ein Sieb geben, gegebenenfalls noch etwas reduzieren. Erst dann mit Salz, Pfeffer und – je nach Weiterverwendung – mit anderen Gewürzen abschmecken.

Tipp: Nehmen Sie den größten Topf und machen gleich die doppelte Menge. Brühe lässt sich gut einfrieren. Ein Risotto beispielsweise wird durch eine gute Brühe zur Köstlichkeit.

Auf dem Foto wurde Entenleber verwendet, man kann diese zarte Terrine auch mit der Leber anderer Geflügel zubereiten. Butter, dekorativ zu Kugeln geformt, und Brioche oder Baguette ergänzen die feine Vorspeise.

TERRINE VON GEFLÜGELLEBER MIT PORTWEINGELEE

1 Schalotte, fein gehackt
250 g Butter
1 TL Korianderkörner
1 TL Pfeffer
½ TL Piment
3 Lorbeerblätter
1 Nelke
2 EL Thymianblättchen, frisch
250 g Geflügelleber, geputzt, gewürfelt
3 Eigelb
100 g Pistazien, ungeröstet
Salz
weißer Pfeffer aus der Mühle
Butter für die Form

Gelee
¼ l Kalbsfond
¼ l roter Portwein
1 Schalotte
1 Lorbeerblatt
½ Zimtstange
1 Stück Orangenschale
1 TL Honig
3 Blatt Gelatine

Zunächst die Butter mit den Gewürzen erhitzen, köcheln lassen, bis sich Schaum bildet. Diesen abschöpfen. Die flüssige Butter durch ein sehr feines Sieb geben, erkalten lassen. Leberstücke mit den Eigelben (beides aus dem Kühlschrank!) fein mixen, geklärte Würzbutter dazugeben. Die Butter mit dem Schneebesen nach und nach in die Lebermasse einrühren, mit Salz und Pfeffer abschmecken, die Pistazien unterziehen.

Nun eine Form mit Backpapier auskleiden, gut buttern und die Masse einfüllen. Dann die Terrine ins heiße Wasserbad stellen und bei 90 °C im Backofen zugedeckt 20 Min. garen.

Für das Gelee Fond, Wein und Gewürze in einen Topf geben, erhitzen und auf die Hälfte reduzieren. Anschließend durch ein Tuch filtern und kräftig abschmecken. Gelatine in kaltem Wasser 5 Min. einweichen. Sehr gut ausdrücken. In der noch warmen Flüssigkeit auflösen. Auf Eis kalt rühren, bis die Gelatine anzieht. Dann über die Leberterrine geben und noch 2–3 Std. im Kühlschrank durchziehen lassen.

Tipp: Dazu passt die Preiselbeer-Soße ❯ S. 81.

Der Bauch von Augsburg

HIER SCHLÄGT DAS KULINARISCHE HERZ DER STADT

WUNSCHLOS GLÜCKLICH | Es dürfte wenig geben, was man an den bunten Ständen und in den Hallen des Augsburger Stadtmarktes nicht bekommt.

Den Korb füllen

STADTMARKT AUGSBURG

VIELFALT | Käse und Wurst, Gemüse von hier und aus fernen Ländern, internationale Delikatessen und Bauernmarkt

Eine stolze Zahl: Über 100 Händler bieten auf dem Stadtmarkt Augsburg ihre Waren an und dies mitten im Herzen der Stadt. Ganz unscheinbar führt ein Tor von der Annastraße in ein kulinarisches Paradies. Man schlendert an Ständen entlang, die verlockende Spezialitäten bieten, auf die man sich ganz und gar konzentrieren kann, denn keinerlei Verkehrslärm stört. Seit 1930 gibt es den Zentralmarkt in der Stadt, man führte die vielen kleinen Märkte zusammen, auf denen nur einzelne Waren angeboten wurden, wie zum Beispiel Fisch am Perlachturm oder Eier und Geflügel rund um den Augustusbrunnen, Gemüse in der Karolinenstraße. Straßennamen wie Fischmarkt, Obstmarkt oder Kesselmarkt erinnern heute noch daran. In der ehemaligen Tabakfabrik ist heute die Fleischhalle untergebracht, vor kurzem erst renoviert. Mehrere Metzgereien, darunter auch Bio-Metzger, bieten hier Fleisch, Wurst und warme Gerichte an. Gleich gegenüber befindet sich die Viktualienhalle, wo es internationale Spezialitäten, Gewürze und herrliche Käsesorten gibt, sogar ein eigens für den Markt produziertes »Stadtmarkt-Käsle«. Auch hier kann man Mittagessen, genauso wie in der Marktgaststätte, die bei unserem Besuch einen Riesenbovist ausgestellt hatte, der zu Gulasch und Schnitzel verarbeitet wurde. Man ist also auf dem Stadtmarkt auch bei schlechtem Wetter bestens versorgt.

Herrlich ist es natürlich bei Sonnenschein, wenn man an den bunten, liebevoll arrangierten Ständen mit saisonalen und seltenen Gemüsesorten oder Obst vorbeischlendert und selbst Außergewöhnliches wie Habanero-Chilis oder Cedri, die italienischen Zitronen, aus denen Zitronat entsteht, finden kann. »Aus eigenem Anbau in Sizilien« steht auf einem Schild, weshalb die frischen und reif geernteten Zitrusfrüchte auch hervorragend schmecken.

Jeden Vormittag ist Bauernmarkt auf dem Platz vor der Marktgaststätte, besonders üppig natürlich am Samstag. Hier gibt es alles, was in der Region angebaut oder hergestellt wird, vom frisch geernteten Gemüse und Salaten zu Obst, Marmeladen, Eier, Honig und bunten Blumensträußen aus dem Bauerngarten.

So vielfältig und bunt wie der Stadtmarkt ist auch Raclette. Es ist ein wunderbares Essen nach dem Marktbesuch, weil man beinahe alles kombinieren kann und weil das Gros der Zubereitung am Tisch erfolgt.

AUGSBURGER MARKT-RACLETTE

Käse
Raclette, Brie, Blauschimmelkäse, Feta, Stadtmarktkäsle …

Rohes Gemüse in dünnen Scheiben oder Streifen
Lauch, Paprika, Pilze, Tomaten, Zucchini, Zwiebeln …

Gekochtes Gemüse
Grüne Bohnen, (Süß-)Kartoffeln, Karotten, Rote Bete …

Obst
Äpfel, Birnen, Trauben, Ananas …

Fleisch und Fisch
Hühnerbrust, Rinderfilet, Fischfilets, Krabben …

Wurst
Kalter Braten, Schinken, Speck …

Kapern, Kräuter, Mixed Pickles, Oliven, Trüffel …

Die Grundregeln für Raclette sind einfach: Alle Zutaten, die zum Garen mehr als 2 Min. brauchen, sollten vorgegart werden.

Klassisches Raclette besteht aus gekochten Kartoffeln, die mit Käse überbacken werden. Dazu werden Mixed Pickles gereicht. Aber die Varianten sind so zahllos wie individuell. Am besten, man stellt nach dem Einkauf alles, worauf man Lust hat, vorbereitet und hübsch angerichtet auf den Tisch und jeder kreiert sein eigenes Lieblingsmenü. Man kann viele Käsesorten verwenden, auch das Stadtmarktkäsle. Verschiedene Sorten Brot wie z. B. Oliven- oder Walnussbrot runden die Tafel ab.

Vorschläge für die Pfännchen
Räucherforelle, Gurke und Crème fraîche
Wolfsbarsch, Ziegenkäse und Dill
Meeresfrüchte und Mozzarella
Garnelen, Chilisoße, Knoblauch und Raclette
Entenbruststreifen, Orange und Cheddar
Papaya, Rinderhack oder Carpaccio und Gouda
Pilze, Schinken und Gouda
Lauch, Speckstreifen und Stadtmarktkäsle
Birne, Gorgonzola und Walnüsse
Tomate, Feta, Thymian und Knoblauch
Fenchel, Honigmelone und Ziegenfrischkäse
Hokkaido-Kürbis, Amaretti-Brösel, Chili und Parmesan
Topinambur, Haselnüsse, Thymian und Gruyère

135

BAYERISCH-SCHWÄBISCHE TAPAS | Vorspeise bis Dessert in Miniportionen

Tapas nennt man die kleinen, feinen Speisen in Spanien, die hier bei den »Tafeldeckern« bayerisch, schwäbisch und international daherkommen. Irgendwie passen die kleinen Portionen auch zu den kleinen Häuschen der Fuggerei und Jakob Fugger, der Stifter, schaut von der Wand herunter zu, wie sich Augsburger und ihre Gäste aus der ganzen Welt laben. Denn die Fuggerei, die älteste Sozialsiedlung der Welt, gehört zu den sehenswertesten Attraktionen der Stadt. Nur 88 Cent Miete zahlen die Bewohner im Jahr, in einem der Häuschen ist das Fuggerei-Museum untergebracht, in dem Entstehung und Geschichte präsentiert werden. Von Stadtspaziergang und Besichtigung hungrig geworden, kann man sich im hübschen Biergarten niederlassen. Köstliche Vielfalt hingegen findet man in den heimeligen Stuben des Eckhauses, gleich beim Eingang.

Torsten Ludwig und sein Team bieten am langen Buffet bayerische Klassiker wie Schweinebraten oder Knödel im Miniformat, doch schon zum Obatzden mit Minibreze gesellt sich manchmal Karottenhummus, es gibt Couscous-Salat oder Süßkartoffelpüree mit Curry. Aus der schwäbischen Küche kommen Maultaschen, mal mit Kürbis, mal mit zartem Saibling gefüllt. Jedenfalls kann man sich von traditionell bis kreativ, bodenständig oder international kleine Portiönchen bestellen und am besten zu mehreren genießen. Topfenmousse und Apfelstrudel oder heimische Käse mit Feigensenf runden das abwechslungsreiche Mahl ab.

Vom Chutney sollte man gleich mehr herstellen. Es passt auch sehr gut zu kaltem Braten oder Käse.

Nimmt man getrocknete Tomaten in Öl, kann man dieses Öl verwenden!

BLUTWURST-STRUDEL MIT APFELCHUTNEY

Chutney
500 g aromatische Äpfel
250 g Zwiebeln, gehackt
2 EL Öl
je 150 ml Apfelessig und -saft
1–2 Chilischoten,
2 Lorbeerblätter, ½ Zimtstange
250 g Gelierzucker 2:1

fertiger Strudelteig

Füllung
2 frische Blutwürste
1 kleines Ei
Salz, Pfeffer
Majoran
etwas Butter

Für das Chutney Zwiebeln schälen, in Öl glasig dünsten. Äpfel schälen, entkernen und in dünne Scheiben schneiden. Zu den Zwiebeln geben und mit Essig, Apfelsaft und den Gewürzen aufgießen. Etwa 20 Min. köcheln lassen. Dann den Zucker unterrühren, nochmals 3–4 Min. kochen und heiß in saubere Gläser abfüllen. Das Chutney sollte eine Woche durchziehen, es hält sich ca. 1 Jahr.

Für die Strudelfüllung Wurst häuten, mit dem Ei vermengen und ggf. mit Salz, Pfeffer und Majoran nachwürzen. Strudelteig ausbreiten, Füllung in die Mitte setzen und eine längliche Rolle mit ca. 4 cm Ø formen, mit Butter bestreichen und bei 180 °C etwa 20 Min. backen. Blutwurst-Strudel lauwarm mit dem Chutney servieren.

BLUMENKOHLSALAT MIT GETROCKNETEN TOMATEN

1 Blumenkohl
2 EL Weinessig
1 TL weißer Balsamico
2 EL Sonnenblumenöl
2 EL Olivenöl
etwas Thymian
Salz, Pfeffer
6 getrocknete Tomaten, fein geschnitten
1 kleine rote Zwiebel

Blumenkohlröschen in Salzwasser knapp gar kochen, abtropfen lassen.

Zwei der getrockneten Tomaten mit den Essigen, Öl, Salz und Pfeffer aufmixen. Thymianblättchen unterheben. Die Zwiebel schälen und in feine Ringe schneiden. Blumenkohl mit Dressing, restlichen Tomaten und Zwiebeln vermischen und am besten über Nacht im Kühlschrank durchziehen lassen.

Tipp: Was man mit Blättern, Strunk & Co. bei erntefrischem Blumenkohl anfangen kann, steht auf > S. 94.

Maultaschen sind ein Klassiker im Tafeldecker. Fein auch jene mit Saibling. Dafür aus Saibling und etwas Sahne die Füllung herstellen und mit Meerrettichsoße servieren.

KÜRBISMAULTASCHEN MIT CURRYCREME

1 Portion Nudelteig
   von > S. 165

Füllung

500 g Hokkaido-Kürbis,
   küchenfertig
400 g Kartoffeln, geschält
100 g Gemüsezwiebel
1 Knoblauchzehe, gehackt
etwas Rosmarin, fein geschnitten
Salz, schwarzer Pfeffer
etwas Butter, Olivenöl

Currycreme

1 kleine Zwiebel, gewürfelt
1 Knoblauchzehe, gewürfelt
1 EL Butter
50 ml Weißwein
200 ml Kokosmilch
200 ml Gemüsebrühe
½ TL Curry
Salz, Chili
Zitronensaft

Kürbis- und Kartoffelwürfel zusammen mit Zwiebel, Knoblauch, Rosmarin, Salz, Pfeffer und etwas Olivenöl bei 180 °C für 40 Min. in den Backofen geben. Anschließend abkühlen lassen, zu einer sämigen Masse stampfen und abschmecken.

Den Nudelteig zu einer dünnen rechteckigen Teigplatte ausrollen, in entsprechenden Abständen jeweils 1 EL Füllung auf eine Hälfte setzen, dazwischen und am Rand mit Eiweiß bepinseln, die andere Hälfte der Platte darüberschlagen, die Zwischenräume gut festdrücken und die Maultaschen mit dem Teigrad ausradeln. Die Maultaschen in Gemüsebrühe ca. 10 Min. köcheln lassen. Herausnehmen, in etwas Butter anrösten und mit der Currycreme servieren.

Für die Currycreme Zwiebel und Knoblauch sanft in Butter anschwitzen, den Weißwein zugeben, aufkochen und etwas einkochen lassen. Kokosmilch und Gemüsebrühe zugeben und ca. 20 Min. köcheln lassen. Abschließend mit den Gewürzen und dem Zitronensaft abschmecken.

Saiblingsmaultaschen

Dafür 2–3 rohe Saiblingsfilets kleinhacken, mit Salz, weißem Pfeffer und ggf. etwas fein gewiegtem Dill abschmecken, mit 100 g Crème fraîche verrühren. Die Saiblingsmaultaschen mit der Meerrettichsoße von > S. 103 servieren.

Schönes Bauernland

WO SPEZIALITÄTENWIRTE AUFTISCHEN

Wenn man die Geschichte das erste Mal hört, glaubt man sie kaum, jene vom »Oxenweg«. Vom 14. bis ins 18. Jahrhundert trieb man jedes Jahr Tausende von Rindern aus Ungarn Richtung Bayern, über Passau nach Regensburg, Nürnberg und Augsburg. Große und vor allem reiche Städte waren dies damals, mit einem enormen Fleischbedarf. Das ungarische Graurind ist eine robuste Rasse, die bestes Fleisch liefert und diesen wochenlangen Weg zu Fuß gut überstand. Weil die Tiere nur langsam wachsen, wäre die Rasse beinahe ausgestorben, doch sie wird inzwischen wieder gezüchtet, so dass die Künstlerin Uschi Roll für ihre Bilder lebendige Tiere als Vorlage nehmen konnte. Die Schreibweise mit dem »X« fand man in alten Handschriften und im Wittelsbacher und Dachauer Land können sich heute Wanderer oder Radler auf die Suche nach den Spuren des Oxenwegs machen.

Sporteln macht Appetit, den Hunger könnte man bei einem der »Spezialitätenwirte« stillen, die sich zur Förderung regionaler Produkte zusammengeschlossen haben. Die Gasthöfe sind unterschiedlich, aber alle tischen ein »Oxengericht« auf. Ausgezeichnete Qualität findet man hier sehr oft, das Wittelsbacher Land ist ein schönes Bauernland, gesegnet mit Weiden für Rinder, mit guten Böden, auf denen Gemüse, Kartoffeln und vielerlei Obst angebaut wird. Von dort stammt aber auch eine Delikatesse, die vom Frühjahr bis in den Juni hinein geerntet wird – der Spargel. Unser Foto zeigt ein Spargelfeld bei Affing kurz vor der Ernte. Verkauft wird das Edelgemüse vor allem in Spargelhäuschen und ab Hof. Aber auch wer nach der Spargelzeit auf dem Bauernhof einkaufen will, wird im Wittelsbacher Land fündig, es ist geradezu ein Hofladen-Paradies.

Besucher finden jedoch nicht nur Kulinarisches, sondern auch Sehenswürdigkeiten wie das Wittelsbacher Schloss, in dem die spätere österreichische Kaiserin Sisi ihre Jugend verbrachte, Kirchen wie Hergottsruh bei Friedberg und die Wallfahrtskirche Maria Birnbaum.

OCHSENTOUR | Der europäische »Oxenweg« führt durchs Wittelsbacher Land.

Je größer das Bratenstück, desto besser. Am besten nehmen Sie einen Braten von 2 kg und schneiden den Rest kalt auf.

Blaukraut lässt sich sehr gut vorbereiten und kann problemlos aufgewärmt und eingefroren werden. Perfekte Beilage für Ente, Gans oder Rinderbraten!

WITTELSBACHER OXENBRATEN

1 kg Rindfleisch
  (z. B. Schulter)
¾ l Rinderfond
2 – 3 Zwiebeln, gewürfelt
2 – 3 Karotten, gewürfelt
1 Stück Sellerie, gewürfelt

1 Stange Lauch, geputzt,
  in Scheiben
Tomatenmark
Mehl
Salz, Pfeffer
Öl

Die Rinderschulter mit Salz einreiben, in einer Kasserolle in etwas Öl rundherum anbraten. Die Zwiebeln dazugeben und alles zusammen im vorgeheizten Ofen 1 Std. bei 180 °C schmoren. Dann das Tomatenmark zugeben, durchrösten. Mit Mehl bestäuben, weitere 15 Min. rösten. Das Gemüse dazugeben und nach und nach mit Rinderfond aufgießen. Bei 160 °C eine weitere Std. im Backofen schmoren. Das Fleisch muss zart und mürbe sein.

Dann Fleisch herausnehmen. Für die Soße den Bratfond durch ein Sieb gießen (wer mag, kann das Gemüse vorher pürieren). Nochmals mit Salz, Pfeffer und einem Schuss Wein abschmecken und ggf. etwas einkochen lassen.

Dazu passen Knödel (z. B. Semmelknödel von ❯ S. 47) oder Bratkartoffeln und allerlei Gemüse wie z. B. Blaukraut.

APFELBLAUKRAUT

1 Kopf Blaukraut
Salz
Butter
1 Zwiebel
2 – 3 Äpfel
ca. ½ l Apfelsaft
Apfelessig, Wein
2 EL Risottoreis

3 Lorbeerblätter
1 EL Pfefferkörner
1 Stange Zimt
1 TL Wacholderbeeren
ca. 150 g Marmelade oder Gelee
  (z. B. von Johannisbeeren
  oder Quitten)
Balsamico

Für das Apfelblaukraut den Krautkopf vierteln und am besten mit einem V-Hobel in schmale Streifen hobeln. Das Kraut mit etwas Salz verkneten und durchziehen lassen.

Zwiebel schälen und würfeln, in etwas Butter golden dünsten (nicht rösten!). Das Kraut nach und nach dazugeben. Äpfel schälen, entkernen und ebenfalls in den Topf geben. Mit Apfelsaft und / oder Wein und einem Schuss Essig angießen, Gewürze und Risottoreis (für eine schöne Bindung) dazugeben und etwa 1 Std. auf kleiner Flamme köcheln lassen. Gegebenenfalls noch mehr Saft zugeben und immer wieder umrühren. Ist das Kraut weich, mit Marmelade, Balsamico und Salz abschmecken.

Knochenfond oder Jus sind das Geheimnis jeder guten Soße. Am besten, man macht viel davon und friert den Fond ein.

RINDERFOND UND -JUS

2 kg Knochen, kleingehackt
1–2 Zwiebeln
1–2 Karotten
je ca. 200 g Sellerie, Petersilienwurzel, Pastinaken
1–2 Gläser Wein

je 1 TL Pfefferkörner, Korianderkörner, Piment
Rosmarin, Selleriegrün
Tomatenmark
Olivenöl

Knochen ca. 1 Std. bei knapp 200 °C im Ofen gut anrösten – sie dürfen und sollen ruhig schon dunkle Stellen haben. Zwiebel ungeschält vierteln, Gemüse würfeln und mit Olivenöl im Topf gut anrösten. Dann 1–2 EL Tomatenmark zugeben, nochmals gut durchrösten. 1 Glas Wein angießen, verdampfen lassen, dann mit einem weiteren Glas Wein den Vorgang wiederholen.

Schließlich die Knochen zugeben, mit kaltem Wasser aufgießen und etwa 6 Std. köcheln lassen. Nach der Hälfte der Zeit die Gewürze zugeben. Am Schluss mit Rosmarin und etwas frischem Selleriegrün würzen, nochmals durchkochen.

Nun abgießen, Fond erkalten lassen und teilweise entfetten (v. a. bei Rinderknochen mit sehr fettem Fleisch). Kocht man den Fond nun stark ein, entsteht ein Jus, den man in Eiswürfelbehältern einfrieren kann.

Tradition und Leidenschaft

GASTHOF ZUM SCHLOSS IN STÄTZLING

PRÄCHTIGES ANGEBOT | Im Schloss gibt's frische Regionalküche und zum Mitnehmen hausgemachte Marmeladen, Essige und Chutneys.

Ein kleiner Seufzer: Über 30 Jahre ist die gelernte Hauswirtschafterin Hildegard Haugg jetzt schon Wirtin im Gasthof zum Schloss. Aber es macht ihr immer noch viel Spaß, zur Freude der vielen Stammgäste. Wie hier Gastfreundschaft gepflegt wird, zeigt die charmante Information zu den Öffnungszeiten der Wirtschaft. »Wir haben offen, bis der letzte Gast gegangen ist.«

Überhaupt herrscht Fröhlichkeit. Für Kinder findet man einen »Piratenteller« auf der Karte. »Ihr bekommt von uns einen leeren Teller und kapert euch die besten Sachen von den Tellern der Erwachsenen.« Und auf diesen Tellern finden die Kleinen hausgemachte Köstlichkeiten, traditionelle Gerichte wie eine aromatische Schwäbische Hochzeitssuppe mit Brät- und Leberknödeln

oder einen wunderbaren Zwiebelrostbraten mit frischen, krossen Zwiebeln, zartestem Fleisch und obendrein noch Käsespätzle und Salat. Die Salate holt man sich am reich bestückten Salatbuffet. Frische Marktsalate, würziger Kartoffelsalat und gleich viererlei Dressings werden angeboten.

Woher die Produkte stammen, findet der Gast auf der Karte. Dass dort der eigene Garten erwähnt wird, wirft die Frage auf, wann die Köchin auch noch Zeit für Gartenarbeit findet. Denn in der Gaststube sind Regale mit Marmeladen, Chutneys und Essigspezialitäten üppig bestückt – hergestellt von Hildegard Haugg. Wann dies geschieht? »Ach, nachts, wenn die anderen schlafen«, meint die leidenschaftliche Köchin lächelnd.

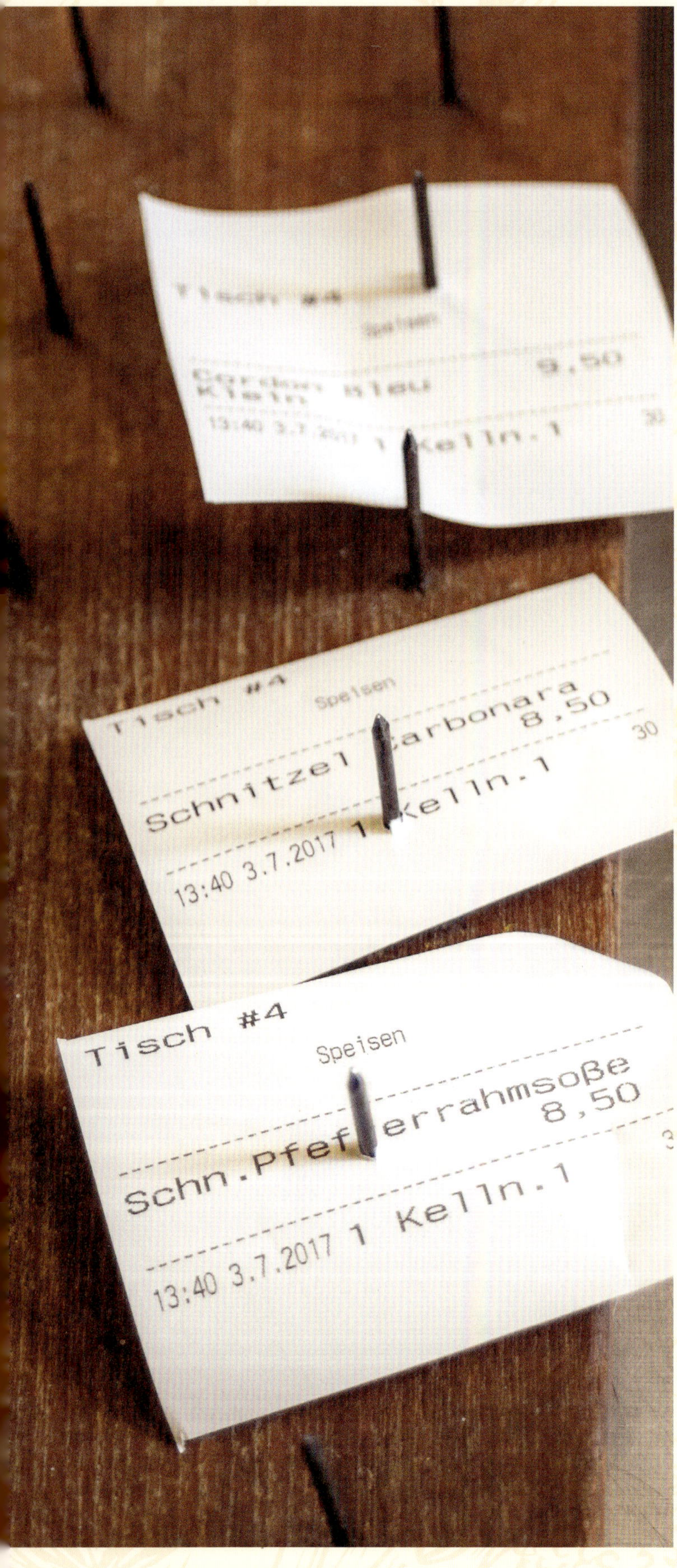

Leberspätzle sind auch eine köstliche Einlage. Hausgemacht selbstverständlich. Und wenn's ganz schnell gehen soll, röstet man Bauernbrotwürfel.

RINDERBRÜHE

1 kg Markknochen
250 – 500 g Suppenfleisch
Suppengemüse (Karotte, Lauch, Sellerie, Pastinake,
*   Petersilienwurzel – je nach Verfügbarkeit und*
*   Jahreszeit)*
1 Zwiebel mit Schale
etwas Liebstöckel
schwarze Pfefferkörner, Salz

Für die Rinderbrühe die Knochen mit kaltem Wasser aufsetzen, aufkochen lassen. Abgießen und die Knochen erneut mit kaltem Wasser bedecken. Langsam aufkochen lassen. Eventuell entstehenden Schaum abschöpfen. Das Suppengemüse putzen, in Stücke schneiden und mit den Gewürzen (zunächst sehr wenig Salz) mit dem Suppenfleisch zur Brühe geben. Eine Zwiebel mit Schale halbieren und in einer Pfanne ohne Fett an den Schnittflächen schön kräftig anbräunen. Ebenfalls zur Brühe geben. Dann mindestens 2 Std., gerne auch länger, leise sieden lassen. Suppe vom Herd nehmen, abgießen und erkalten lassen. Dadurch setzt sich das Fett ab, von dem man einen Teil entfernen sollte. Suppe dann abschmecken und mit den Einlagen servieren.

In eine schwäbische Festtagssuppe gehören viele Einlagen. Zum Beispiel Pfannkuchenstreifen oder auch Backerbsen.

Die Suppe zum Servieren mit reichlich frischem Schnittlauch bestreuen. Im Gasthaus zum Schloss kommt er oft aus dem eigenen Garten.

BRÄTNOCKERL

150 g Kalbsbrät
30 g Butter
30 g Semmelbrösel
1 Ei
Salz, Pfeffer
Muskatnuss
etwas Zitronensaft

Für die Brätnockerl alle Zutaten in eine Schüssel geben, mit dem Handrührgerät gut vermengen. Mit Salz, Pfeffer und Zitronensaft würzig abschmecken. Ist der Teig zu feucht, Semmelbrösel zugeben. Mit einem Löffel Nocken abstechen, mit der Hand formen und in Salzwasser 20 Min. ziehen lassen. Anschließend sofort servieren oder abschrecken und beiseite stellen.

Tipp: Aus Pfannkuchen und der Brätmasse kann man auch Brätstrudel herstellen. Dafür die Pfannkuchen mit der Brätmasse bestreichen, gut aufrollen, dann in etwa 2 cm breite Streifen schneiden. Diese in Fleischbrühe vorsichtig ziehen lassen und sofort servieren.

LEBERKNÖDEL

200 g Rinderleber, durchgedreht
1 kleine Zwiebel, fein gehackt
1 EL Butter
4 Semmeln
ca. ¼ l Milch
1–2 Eier
Abrieb einer Bio-Zitrone
Petersilie und Majoran, gehackt

Für die Leberknödel die Zwiebeln in etwas Butter andünsten, die Milch zugeben und leicht erwärmen. Die Semmeln in eine Schüssel geben und mit der Zwiebelmilch übergießen. Mit Petersilie, Majoran, den Eiern sowie der durchgedrehten Leber vermischen, mit Salz und Pfeffer kräftig abschmecken. Der Teig sollte etwas fester sein als Semmelknödelteig. Ist der Teig zu feucht, noch etwas Semmelbrösel dazugeben. Nun kleine Knödel formen und in Salzwasser ca. 20 Min. ziehen lassen.

Tipp: Leberknödel sowie Brätnockerl kann man auch gut einfrieren.

Hausgemachter Sülzenstand schmeckt einfach hervorragend. Die Zubereitung dauert zwar wegen der langen Kochzeit, macht aber nicht viel Arbeit.

HAUSGEMACHTE BRATENSÜLZE

1 kg Schweineschwarten
Wurzelgemüse wie Karotten,
*   Lauch, Sellerie*
etwas Liebstöckel
2 Lorbeerblätter
1 EL Wacholderbeeren,
*   zerdrückt*
Salz
ca. ¼ l Weißweinessig

Die Schwarten zunächst in reichlich Wasser aufkochen, das Wasser wegschütten und wieder mit kaltem Wasser auffüllen. Das Wurzelgemüse putzen, in Würfel schneiden und ebenso wie die Gewürze und 1 EL Salz zugeben. Dann mindestens 3, am besten aber 6 Std. leise (!) köcheln lassen. Anschließend Schwarten, Gemüse und Gewürze herausnehmen, beiseite stellen, damit die Trübstoffe sich setzen können. Vorsichtig abgießen und die Flüssigkeit nochmals durch ein Tuch filtern. Anschließend mit weiterem Salz, Essig, vielleicht sogar Maggi sehr kräftig abschmecken. Kalt werden lassen und entfetten (das Fett setzt sich auf der Brühe ab und kann leicht entfernt werden). Dann vollständig erkalten lassen und die Festigkeit überprüfen. Meist wird die Sülze zu fest. Wenn dies der Fall ist, nochmals erwärmen, Wasser zugießen und wiederum abschmecken.

Nun Gläser oder Suppenteller bereitstellen. Die Einlagen hineingeben, einen Teil des Sülzenstands angießen, fest werden lassen und erst dann vollständig auffüllen (sonst bleibt die Einlage nicht unten). Bis zum Servieren im Kühlschrank aufbewahren. Dort hält sich die Sülze (gut abgedeckt!) 2–3 Tage.

Im »Schloss« findet man als Einlage gebratenen Schweinehals oder -bauch, Essiggurke, gekochte Eier, Tomatenscheiben, eingelegte Paprika und Petersiliensträußchen.

Zur Sülze gibt's im Schloss herrlich knusprige Bratkartoffeln, aber auch frische Salate vom Buffet.

ZUCCHINI- UND SELLERIESALAT

1–2 Zucchini
1 EL Dillspitzen

4 Stangen Staudensellerie
1 Mandarine

Dressing
4 EL Apfelessig
8 EL Sonnenblumenöl
Salz, Pfeffer
1 Prise Zucker

Für das Dressing alle Zutaten gut verrühren. Es
reicht für beide Salate.

Zucchini grob raspeln, Dill fein schneiden.
Salat mit Dressing übergießen und etwas durchziehen lassen.

Bleichsellerie von den Blättern befreien (mit
ihnen kann man Suppe würzen!), die Stangen in
Scheiben schneiden. Mandarine filetieren, den
Saft auffangen. Sellerie, Mandarinensaft und
Dressing gut vermischen und ebenfalls durch-
ziehen lassen. Nimmt man Mandarinen aus der
Dose und den Saft davon, lässt man den Zucker
im Dressing weg.

Ein Zufallstreffer, denn eigentlich wollte Hildegard Haugg Himbeeren auftauen. So entstand das Rezept zu einem ganz außergewöhnlich feinen Aufstrich.

ERDBEER-VOGELBEER-ESPRESSO-FRUCHTAUFSTRICH

ca. 1 kg Vogelbeeren
500 g Erdbeerpüree
4 EL Espresso
500 g Gelierzucker 2:1

Die Vogelbeeren abzupfen, in wenig Wasser aufkochen und anschließend durchpürieren. Das Kochwasser mit verwenden. Vogelbeer- und Erdbeerpüree zusammen sollten ein knappes Kilo ergeben. Den Espresso zufügen, dann mit dem Gelierzucker unter Rühren zum Kochen bringen und 3–4 Min. sprudelnd kochen. Gelierprobe machen. Randvoll in saubere Schraubgläser abfüllen, sofort verschließen und 5 Min. auf den Kopf stellen.

Tipp: Der Aufstrich schmeckt auch ohne Vogelbeeren, nur mit Erdbeeren und Espresso.

Auf eine solche Kombination muss man erst einmal kommen. Hildegard Haugg meint: »Normale Marmeladen gibt's ja schon. Ich versuche, was Besonderes zu machen.« Das gelingt ihr ohne Frage!

KIRSCH-WALNUSS-KONFITÜRE

800 g Sauerkirschen, entsteint
200 ml Holundersaft
100 g Walnusskerne
1 Bio-Orange
2–3 EL Lavendelblüten
500 g Gelierzucker 2:1

Schale der Orange abreiben, Saft auspressen. Die Walnüsse in einer beschichteten Pfanne rösten, bis sie zu duften beginnen, abkühlen lassen, grob hacken. Die Sauerkirschen grob pürieren.

Dann alle Zutaten in einem ausreichend großen Topf unter Rühren zum Kochen bringen und 3–4 Min. sprudelnd kochen. Gelierprobe machen. Randvoll in saubere Schraubgläser abfüllen, sofort verschließen und 5 Min. auf den Kopf stellen.

Biergelee passt gut zu Käse, aber auch einfach aufs Butterbrot. Statt dunklem kann man auch jedes andere Bier verwenden: ein eigenes Lieblingsgelee für jeden Biergenießer.

DUNKELBIERGELEE ODER »CRAFT BIER GELEE«

¾ l Bier (z. B. würziges dunkles Bier)
500 g Gelierzucker 2:1

Für Biergelee unbedingt einen großen Topf verwenden, denn es schäumt sehr beim Aufkochen.

Bier und Gelierzucker unter Rühren zum Kochen bringen und 3–4 Min. sprudelnd kochen. Gelierprobe machen. Randvoll in saubere Schraubgläser abfüllen, sofort verschließen und 5 Min. auf den Kopf stellen.

Tipp: Jeder kann seine Lieblings-Biersorte verwenden, so die Köchin. Sie macht gerne auch Weizengelee. Das schäumt aber gewaltig, man sollte einen sehr großen Topf nehmen. »Aber die zarte Hefenote schmeckt sehr fein. Man könnte auch etwas Zitronensaft dazu nehmen.«

Schwarzes Gold

STEIRISCHE SPEZIALITÄT IM WITTELSBACHER LAND

Im Oktober reifen die stattlichen Früchte. Noch liegen sie auf dem Feld durcheinander und leuchten in der Herbstsonne. Wenig später verzieren lange, goldgrüne Streifen für kurze Zeit die Landschaft bei Inchenhofen. Denn nun kommt Anton Lohner mit der Erntemaschine, auf die er ausgesprochen stolz ist. Sie hat eine Stange Geld gekostet und ist hochmodern. Früher musste man die Kürbisse von Hand spalten, um an die wertvollen Kerne zu gelangen. Das erledigt heute die rote Maschine – sie spießt die Früchte auf, öffnet sie und separiert die Kerne vom Kürbisfleisch.

Kürbiskernöl stammt eigentlich aus der Steiermark. Dort gehört das tief dunkelgrüne, urgesunde Öl auf jeden Tisch. Auf der Suche nach einer Nische für seine Nebenerwerbslandwirtschaft wurde Lohner in Österreich fündig. Die Kürbisse wuchsen gut im Wittelsbacher Land; heute bewirtschaftet er rund zehn Hektar, zum Teil biologisch. Nach der Ernte werden die Kerne in eine steirische Ölmühle gebracht, die sie mit viel Erfahrung in »schwarzes Gold« verwandelt.

KÜRBISERNTE | Die rote Maschine ist Lohners ganzer Stolz – sie spart mühevolle Handarbeit früherer Zeiten. Aus den Kernen gewinnt man das wertvolle Öl …

153

Schön herbstlich und ein Blickfang für jedes Vorspeisenbuffet.

GEBRATENER SELLERIE MIT KNUSPRIGEN KERNEN

Sellerie
Öl zum Braten
Zitronensaft
Kürbiskerne
Kürbiskernöl

Sellerie putzen und in dünne Scheiben schneiden. Sonnenblumenöl in einer Pfanne erhitzen und die Scheiben nach und nach braten, sie dürfen ruhig noch etwas Biss haben. Hübsch auf einem großen Teller anrichten, salzen und mit Zitronensaft beträufeln. Die Kürbiskerne ohne Fett in einer Pfanne rösten, bis sie duften. Über die Selleriescheiben geben und das Kernöl separat dazu reichen.

Tipp: Man kann den Sellerie auch in Zitronenwasser kochen. Schmeckt auch gut mit Walnüssen und Walnussöl.

Kürbis, Kernöl und geröstete Kerne gehen hier eine wunderbare Verbindung ein.

Hier kommt das Öl für einen feinen Aufstrich zum Einsatz. Der passt auch bestens zu Pellkartoffeln.

KÜRBIS-LAUCH-SALAT MIT KÜRBISKERNEN

1 kleiner Hokkaidokürbis
1 Stange Lauch
Salz, Pfeffer
3 EL Sonnenblumen- oder Rapsöl
1 EL Apfelessig oder Apfelbalsamico
Kürbiskernöl nach Belieben
2−3 EL Kürbiskerne, geröstet und gehackt

Kürbis putzen, aber nicht schälen und in dünne Scheiben hobeln. Lauch putzen und das Weiße sowie die hellgrünen Teile in feine Ringe schneiden. Kürbiskerne ohne Öl in einer Pfanne rösten, bis sie duften. Etwas abkühlen lassen, grob hacken. Apfelessig, Sonnenblumenöl, Salz und Pfeffer gut verrühren und unter die Lauch-Kürbis-Mischung heben. Etwa 1 Std. durchziehen lassen. Dann mit den gerösteten Kürbiskernen und Kürbiskernöl servieren.

KRÄUTERTOPFEN MIT KÜRBISKERNÖL

250 g Topfen
1−2 Knoblauchzehen, fein gehackt
4 EL frische Kräuter wie Petersilie, Schnittlauch oder Basilikum
Salz, Pfeffer aus der Mühle
3 EL Kürbiskernöl

Kräuter fein hacken. Topfen mit den Kräutern, dem Knoblauch und dem Kernöl gut vermischen. Mit Salz und Pfeffer abschmecken.

Ein Goldener Apfel

GENIESSERPARADIES IM LECHRAIN

GASTSTUBE MIT KACHELOFEN | König Ludwig grüßt von der Wand. Ihm hätte es hier bestimmt geschmeckt.

*E*igentlich ging es Bernhard Heiß wie Adam. Bloß andersherum, denn er wurde nicht aus dem Paradies vertrieben, als er nach dem Apfel griff, sondern er fand eines, das er dazu noch gerne teilt.

Bernhard hat von der Pike auf Koch gelernt, ging dann in die Schweiz und kochte in diversen Restaurantküchen. Nach dem Zivildienst verbrachte er eineinhalb Jahre beim Bäcker Storch in seinem Heimatort Rott, denn Backen gehört auch zu seinen Leidenschaften, und der Storch ist eine gute Adresse. Schließlich zog es ihn auf die Meisterschule für Köche und er machte außerdem eine Zusatzausbildung zum Diätkoch. So wurde er Küchenleiter in einer Rehaklinik. Doch dort frustrierte ihn der Zwang zur Billigküche.

So kann doch keiner gesund werden, schimpft er, oft würden nur wenige Cent fehlen, um einfaches, aber gesundes und regionales Essen auf den Tisch zu bringen. Er lag, so berichtet er, müde von der Arbeit auf dem Sofa und sinnierte vor sich hin, als das Telefon klingelte. Er solle sich den Goldenen Apfel mal ansehen, der wäre frei. Und so griff er nach dem Apfel. Dem wunderschönen Gasthaus am Kirchplatz von Apfeldorf, behutsam und mit kluger Hand in den 1980er-Jahren renoviert, konnte nichts Besseres passieren. Und uns auch nicht.

Wer bleiben will, bucht eines der drei zauberhaften Zimmer namens Apfelblüte, Apfelkern und Apfelstiel; das mit dem lustigsten Namen ist nicht buchbar: Apfelbutzen heißt die Putzkammer.

BERNHARDS KÜCHENREICH | Hier wird mit frischen Zutaten gekocht – mit Gemüse, ausgewählten Gewürzen oder Kräutern und natürlich oft mit Äpfeln.

Bernhard nimmt für diese Suppe säuerliche, feste Äpfel wie zum Beispiel die Sorte »Pink Lady«. Milchschaum macht die Suppe leicht und cremig.

KÜRBISSUPPE MIT APFELWÜRFELN, CHILIFÄDEN UND MILCHSCHAUM

500g Hokkaidokürbis (geputzt gewogen)
2 Äpfel
1 Zwiebel
Butter
¼ l Kokosmilch
½ l Hühner- oder Gemüsebrühe
Salz, Pfeffer
roter Curry
Chilifäden
Kürbiskernöl
¼ l Milch

Zwiebel würfeln, in Butter anschwitzen, nicht bräunen. Den Kürbis und einen Apfel putzen, schälen, in Stücke schneiden, dazugeben. Mit Kokosmilch und Hühner- oder Gemüsebrühe auffüllen und kochen, bis alles weich ist. Inzwischen den anderen Apfel in kleine Würfel schneiden, in Butter braten. Suppe pürieren und mit Salz, Pfeffer und rotem Curry abschmecken. Gebratene Apfelwürfel in die Teller geben, Suppe angießen. Milch schäumen und darübergeben, dann mit Kernöl und Chilifäden dekorieren.

Das Lammfleisch bezieht Bernhard Heiß von Markus Schnitzler aus Dießen am Ammersee. Dort züchtet der Metzger- und Landwirtschaftsmeister seine Ammersee-Lämmer. In der Markthalle in Dießen verkauft er Fleisch und Wurst.

LAMMRÜCKENFILET MIT PAPRIKA-APFELGEMÜSE

400 g Lammrückenfilet,
    ausgelöst
Butterschmalz
Salz, Pfeffer

2 Paprikaschoten (gelb
    und orange)
1 säuerlicher, fester Apfel
    (z. B. Pink Lady)
Rosmarin
einige Kirschtomaten
200 g grüne Bohnen
Butter
Akazienhonig
Salz, Pfeffer

Lammrückenfilet rechtzeitig aus dem Kühlschrank nehmen, damit es Raumtemperatur annehmen kann. Ofen auf 120 °C vorheizen. In einer Pfanne Butterschmalz zerlassen, die Filets darin anbraten. In den Ofen geben und in 10–12 Min. gar ziehen lassen.

Den Apfel putzen, aber nicht schälen. Paprikaschoten in mundgerechte Stücke schneiden, Kirschtomaten halbieren, Apfel würfeln. Bohnen putzen und in kochendem, stark gesalzenem Wasser bissfest blanchieren und danach sofort in Eiswasser abschrecken, damit die schöne grüne Farbe erhalten bleibt. Abtropfen lassen.

Butter in einer Pfanne zerlassen und einige Nadeln Rosmarin zur Butter geben. Paprika darin bissfest dünsten, dann die Äpfel, Bohnen und zuletzt die Kirschtomaten zugeben. Mit Akazienhonig (oder einer Prise Zucker), Salz und Pfeffer abschmecken.

Tipp: Damit das Fleisch in der Mitte rosa bleibt, darf es keinesfalls zu lange im Ofen bleiben. Am besten, man nimmt ein Fleischthermometer. Die Kerntemperatur sollte nicht mehr als 60 °C betragen.

Petersilienwurzeln sind ein herrlich aromatisches Herbstgemüse. Bekommt man sie nicht, nimmt man Knollensellerie.

Die Apfelsorte Pink Lady ist säuerlich und fest. Natürlich kann man die Tarte auch mit Boskoop oder der alten Sorte Jakob Fischer backen.

PETERSILIENWURZEL-PÜREE

200g Petersilienwurzeln
Butterschmalz
ca. ¼ l Gemüsebrühe
Sahne
Salz, Pfeffer
Muskatnuss

Die Petersilienwurzeln putzen und in feine Würfel schneiden. Langsam und unter ständigem Rühren in Butterschmalz glasig dünsten. Erst dann mit Gemüsebrühe angießen und weich kochen, die Flüssigkeit sollte fast verdunstet sein. Mit einem Schuss Sahne pürieren und mit Salz, Pfeffer und frisch geriebener Muskatnuss abschmecken.

Tipp: Das Dünsten in Butterschmalz ist ausschlaggebend für die zarte Konsistenz des Pürees. Schmeckt auch gut, wenn man Pastinaken verwendet.

PINK-LADY-APFELTARTE

Für 8 Personen:

Apfeltarte	**Soßen**
180g Mehl	Mirabellen, entsteint
125g Butter	Himbeeren
60g Puderzucker	Puderzucker
4 Pink-Lady-Äpfel	
etwas Puderzucker	

Aus Mehl, Butter und Puderzucker einen Mürbteig herstellen, den Teig in Folie wickeln und an einem kühlen Ort etwa 1 Std. durchziehen lassen. Dann auf 3 mm ausrollen. Äpfel vierteln, entkernen, aber nicht schälen. Äpfel nun in schmale Spalten schneiden. Den Teig damit eng belegen und bei 180 °C 10 – 12 Min. backen. Mit Puderzucker bestäuben und lauwarm oder kalt servieren.

Für die Fruchtsoßen Früchte (z. B. Himbeeren und Mirabellen) getrennt mit etwas Puderzucker ganz kurz aufkochen, pürieren und durch ein Sieb streichen.

Ein Männlein steht im Walde

PILZJÄGERS FREUDEN FÜR SAMMLER UND KENNER

GUT ODER GIFTIG? | So nah wie hier stehen Steinpilz und Fliegenpilz auch im Wald beieinander. Man sagt sogar: Wo es Fliegenpilze gibt, die Waldesmännlein, kommen auch die köstlichen »Herrenpilze« vor. Schnecken übrigens vertragen Giftpilze bestens …

Luxus-Resteverwertung. Pfifferlinge haben einen ganz zarten Aprikosengeschmack. Mit der Aprikosen-Vinaigrette wird das Aroma noch betont.

SEMMELKNÖDELCARPACCIO MIT GEBRATENEN PFIFFERLINGEN

3 Semmelknödel vom
  Vortag
1–2 Schalotten
400g Pfifferlinge
Butter
Rucola und Kirschtomaten
  nach Belieben

Vinaigrette
4 EL Kürbiskernöl
1 EL Balsamico
1 EL Apfelessig
3–4 Wacholderbeeren
1–2 Aprikosen, getrocknet
Salz, Pfeffer

Semmelknödel in sehr dünne Scheiben schneiden und auf einem Teller anrichten.

Für die Salatsoße Wacholderbeeren mit dem Messerrücken anquetschen, Aprikosen in winzig kleine Würfel schneiden. Dann alle Zutaten in ein Gefäß geben und mit dem Schneebesen gut durchrühren.

Die Pfifferlinge in Butter braten, dabei salzen. Pilze in die Mitte der Knödelscheiben geben, etwas Vinaigrette darübergeben. Rucola und Kirschtomaten darauf verteilen, mit der restlichen Vinaigrette würzen.

Pasta-Liebhaber aufgepasst: Bandnudeln kann man in Nestern geformt bestens einfrieren. Die Nudeln kommen dann gefroren ins kochende Wasser und brauchen eine etwas längere Garzeit. Die Ravioli legt man einzeln auf Teller, friert sie vor und gibt sie dann in Gefrierbeutel.

BANDNUDELN UND TEIGTASCHEN MIT WALDPILZEN

Nudelteig

300g Weizenmehl
100g Hartweizengrieß
4 Eier
etwas Olivenöl und Salz

Pilzsoße / Pilzfüllung

400g Waldpilze (ersatzweise
*   Egerlinge und eingeweichte,*
*   getrocknete Steinpilze)*
1 Knoblauchzehe, gehackt
Petersilie, gehackt
Butter und bestes Olivenöl
Grana oder Parmesan, frisch
*   gerieben*
zusätzlich 150g Ricotta

Für den Nudelteig Mehl und Grieß gut mischen, Salz und Öl zugeben und mit den Eiern zu einem festen Teig kneten. Den Teig in Folie wickeln und etwas ruhen lassen.

Dann am besten mit einer Nudelmaschine Bandnudeln (oder für die Ravioli dünne Teigplatten) herstellen.

Pilze putzen (keinesfalls waschen!) und in dünne Scheiben schneiden. Butter und Olivenöl in eine tiefe Pfanne geben. Ist die Butter geschmolzen, die Pilze zugeben und die Temperatur erhöhen. Pilze sofort salzen und stetig rühren. Ist das meiste Pilzwasser verdampft, den Knoblauch und einen Teil der Petersilie zugeben, weiterdünsten, bis die Pilze gar sind. Mit Salz und frischem Pfeffer aus der Mühle abschmecken.

In der Zwischenzeit die Nudeln knapp gar kochen, tropfnass in die Pfanne zu den Pilzen geben, mischen und alles miteinander kurz durchziehen lassen. Am Schluss etwas geriebenen Parmesan unterheben, den Rest davon auf den Tisch stellen. Mit Petersilie bestreuen und servieren.

Für die Ravioli verwendet man den gleichen Teig, man benötigt aber von Teig und Pilzragout nur die Hälfte. Der Teig wird ausgerollt, mit dem Teigrad zu Quadraten geschnitten. Dann wird etwas Füllung in die Mitte gesetzt und die Quadrate zu einem Dreieck geformt (dessen Enden man zusammendrücken kann – so entstehen Tortellini). Die Füllung wird vorbereitet wie oben beschrieben. Danach lässt man sie erkalten und vermischt sie mit dem Ricotta. Nochmals abschmecken!

Winterfreuden

GLÜHWEIN UND BRATÄPFEL, PLÄTZCHEN, FEINE SUPPEN
UND WINTERGEMÜSE. KULINARISCH EINIGELN

MIRACULIX LÄSST GRÜSSEN | Bernt und Claudia kochen ihre Suppen im Kupferkessel und auf Holzfeuer mit regionalen Bio-Zutaten.

Die Geschichte der Brühenmanufaktur Ammersee ist genauso unglaublich, wie sie wahr ist. Familie Müller wollte bauen, deshalb erwarb sie ein Grundstück in Riederau, plante das neue Haus und verkaufte die bisherige Wohnung. Gut, dass der Notar bei der Besiegelung des Kaufs sagte: »Zelten können Sie jetzt schon, das Grundstück gehört Ihnen …«

Denn der Bau verzögerte sich, es war Sommer und Familie Müller campte auf dem eigenen Grundstück. Die Küche bestand aus einer Feuerstelle, man grillte. Claudia Müller meint heute grinsend: »Irgendwann konnte ich nichts Gegrilltes mehr sehen und außerdem wurde es langsam Herbst.« Also schaffte man Dreibein und Kessel an und kochte Brühen, mal mit Gemüse, mal mit Huhn,

immer bio und nach Regeln der chinesischen Medizin, mit der sich Claudia schon länger beschäftigt hatte. Der Kessel und die Brühen machten die Nachbarn neugierig, sie durften probieren und so erfuhr eine Künstlerin in Dießen von den Müllerschen Suppen. Wäre doch mal etwas anderes, meinte sie, und die Müllers schenkten Kraftbrühe zur Vernissage aus, dann auf dem Christkindlmarkt in Schondorf. Und weil die Brühen so gut ankamen und das Haus inzwischen gebaut war, richteten Claudia und Bernt Müller eine Suppenküche ein. Mit Kupferkessel und Holzfeuer, auf dem die Kraftbrühen bis zu 36 Stunden lang kochen. In Gläser gefüllt, kann man sie nun in Bio- und Feinkostläden der Region kaufen.

Durch die Guglhupfform und die Brühe wird der Hackbraten innen saftig und außen knusprig – eine nachahmenswerte Idee.

Eine kräftige Gemüsebrühe ist hier ganz wichtig. Darauf sollte man achten, wenn man sie selber kocht. Ein Rezept gibt es auf > S. 87.

HACKBRATEN À LA BERNT

1 kg Rinderhackfleisch
50 g altbackenes Weißbrot
1–2 Zwiebeln, gewürfelt
50 g mittelscharfer Senf
60 g schwarze Oliven,
   gehackt
50 g Kapern

25 g Petersilie, gehackt
etwas Butter
2 Eier
Salz
Pfeffer
¼ l Rinderkraftbrühe
   (z. B. »bully«)

Brot 10 Min. in lauwarmem Wasser einweichen. Zwiebeln in Butter kurz dünsten. Hack in einer Schüssel mit der Zwiebelmischung, Senf und dem sehr gut ausgedrückten Brot vermischen. Die Eier verquirlen und mit den Kapern, den Oliven sowie der Petersilie unterheben. Masse mit Salz und Pfeffer abschmecken.

In eine gut gefettete Guglhupfform füllen und bei 180 °C ca. 25 Min. backen, dann mit der Hälfte der Brühe angießen, den Vorgang nach weiteren 25 Min. wiederholen und ca. 25 Min. fertig garen.

Zum Anrichten Guglhupf vorsichtig auf einen Teller stürzen und mit Kartoffelpüree und Wurzelgemüse servieren.

GEMÜSETERRINE

525 ml Gemüsebrühe (z. B. »power veggie«)
⅛ l Sahne
Safran
8 g Agar Agar
Salz, Cayennepfeffer
ca. 500–600 g vorbereitetes Gemüse

Im Sommer nimmt man Zucchini, Auberginen oder Paprika, im Winter Brokkoli, Blumenkohl oder Karotten. Die Sommergemüse brät man in Olivenöl, die anderen werden in Salzwasser blanchiert. Wichtig: Die Gemüse müssen weich gegart sein (da die Terrine sonst beim Anschneiden zerfällt), in sehr kleine Würfel geschnitten, kräftig gewürzt und gut abgetropft / abgetupft sein!

Gemüsebrühe sehr kräftig abschmecken. Sahne zufügen, aufkochen lassen. Etwas davon abnehmen und den Safran darin auflösen, Safranbrühe zufügen. Agar Agar nach Packungsanweisung einrühren. Unter Rühren abkühlen lassen, bis die Flüssigkeit leicht anzieht. Mit dem Gemüse mischen und in eine Terrinenform geben. Zügig arbeiten, da Agar Agar sehr schnell anzieht. Terrine im Kühlschrank fest werden lassen. Zum Servieren stürzen und mit einem scharfen Messer in Scheiben schneiden.

Dieses Wintergericht ist ein »Urlaubsmitbringsel« aus Frankreich. Wer die Zubereitung abkürzen mag, nimmt fertige Brühe. Dann kann man auch »edlere« Teile vom Rind wie etwa Keule, Schulter oder Tafelspitz darin sieden.

POT AU FEU – DER GROSSE GEMÜSE-SIEDEFLEISCH-TOPF

1 kg Wurzelgemüse wie Karotten, Petersilien-wurzel, Pastinaken, Sellerie ...
1 Zwiebel
1–2 Stangen Lauch
ca. 1,5 kg Siedefleisch vom Rind, z. B. Brustkern, Wade oder auch Schulter (möglichst große Stücke)
Suppenknochen
Lorbeerblätter
Thymian
Petersilie
Pfefferkörner
frischer Meerrettich
Schnittlauch

Zunächst die Knochen mit einem Teil des Suppengemüses in kaltem Wasser aufsetzen. Es können durchaus die »Abfälle«, also die Schalen der Karotten, Petersilienwurzel oder Pastinaken, die äußeren Blätter vom Lauch, Zwiebel- und Knoblauchschalen etc. sein. Lorbeerblätter und Pfefferkörner dazugeben. Aufkochen und anschließend bei wenig Hitze 1–2 Std. köcheln lassen. Wer mag, kann diese Brühe entfetten.

Die Zwiebel halbieren. Dann in einem großen Topf die Zwiebel an-rösten, bis sie gut braun ist. Die Brühe angießen, erhitzen und dann erst das Fleisch und wiederum einen kleinen Teil des Gemüses einlegen. Nun je nach Fleischstück(en) ca. 3–4 Std. auf kleinster Flamme sieden lassen, nicht kochen, sonst wird das Fleisch zäh. Das ausgekochte Gemüse wegwerfen.

Das restliche Gemüse in Streifen oder mundgerechte Stücke schneiden und nach und nach (abhängig von der Gardauer) dazugeben. Das Gemüse sollte noch knackig sein. Schnittlauch in Röllchen schneiden, Meerrettich-stange schälen, frisch reiben und dazu servieren.

Ist das Fleisch zart, herausnehmen und in Scheiben schneiden. Dann am besten in einer Suppenterrine zusammen mit dem knackigen Gemüse und der Brühe servieren.

Tipp: Möchte man den Gemüsetopf mit Kartoffeln anreichern, diese separat in Salzwasser vorkochen und erst zum Schluss zur Brühe geben, damit sie nicht trüb wird. Außer dem klassischen Siedefleisch kann man Ochsenschwanz, Zunge oder auch Suppenhuhn verwenden. Am besten, man hat einen großen Topf und viele Gäste und gart verschiedene Fleisch-stücke.

Hofladen-Rallye
GENUSSHANDWERKER BESUCHEN

Es lohnt sich aus vielen Gründen, auf dem Bauernhof einzukaufen. Man erfährt Interessantes über die Produkte und lernt die Menschen kennen, die sie herstellen. Man kann sich selber von der Qualität überzeugen und bekommt erstklassige Lebensmittel zum fairen Preis. Dazu tut man Gutes für die Umwelt, denn Früchte, Gemüse oder Fleisch sind nicht um die halbe Welt gereist. Das bringt gleich noch einen Vorteil: Frische, so frisch, dass nur der eigene Garten mithalten könnte.

Wie man Hofläden findet? Man hält die Augen auf, fragt andere Genießer wie zum Beispiel Leute von Slow Food, engagierte Wirte, die regional einkaufen, ärgert sich nicht, wenn am Marktstand eine Schlange ist und tauscht Entdeckungen aus. Oder man stöbert im Netz (> einige Tipps hinten im Buch).

Welche Rolle spielt Mundpropaganda?
Stefan Gast, der Pfarrer von Inchenhofen, empfiehlt den Waglerhof, ein bäuerliches Idyll, das auf ein Klostergut der Zisterzienser zurückgeht, deshalb hat es auch ein eigenes Kirchlein. Hier gibt es Fleisch und Wurst, Obst und Gemüse, Brot und vieles mehr. Die Tiere kann man besuchen und sehen, dass sie gut aufwachsen, ihr Futter wird auch vom Hof der Familie Gamperl produziert.

Ganz nach dem Motto »Vertrauen ehrt«, oder?
Nicht nur, dass man sich beim Einkaufen auf dem Bauernhof selbst von der Qualität überzeugen kann, wenn wie bei Frau Weiß die Hennen draußen herumsausen dürfen. Beim Sieber-Hof in Sainbach staunt man zunächst: Öffnungszeiten von Montag bis Samstag von 8 bis 20 Uhr. Man öffnet die Tür, vor der hübsche Blumen stehen, findet gefüllte Regale, einen Kühlschrank und eine Kasse. Man darf sich selbst bedienen oder klingelt, wenn man Fragen hat, man darf sogar das Eingeckaufte in eine Liste eintragen und anschreiben lassen.

Andere wiederum stellen Milch- oder Eierautomaten auf, mit denen man sich rund um die Uhr versorgen kann. Es lohnt sich, in der Umgebung danach zu suchen, denn ökologisch gesehen ist es schließlich gut, wenn die Wege so kurz wie möglich sind. Andererseits sind manche Hofläden so schön gelegen oder sie haben ein solch außergewöhnliches Angebot, dass sich eine weitere

Anfahrt lohnt, wie zur Straußenfarm Wiedemann (> S. 100) oder zu den Duroc-Schweinen bei Siebers, die auch einfach nett zu beobachten sind.

Ist hier jeder ein Einzelkämpfer? Werden andere Höfe als Konkurrenz empfunden oder eher als kollegiale Bereicherung?
Die Siebers bauen Kartoffeln an und halten Duroc-Schweine im Freiland. Außerdem gibt es kaltgepresstes Rapsöl. Doch im Hofladen findet man auch den herrlichen Holunder-Direktsaft von Otti's Hofladen, Wurst von Körners Hofladen bei Friedberg, Eier vom Bachbauernhof, Eis vom Scheicherhof und noch Weiteres mehr. So ähnlich ist das bei vielen Hofläden, man begegnet immer wieder »alten Bekannten« und kann so eine schöne Produktvielfalt genießen.

Das klingt ja fast so, als würde Tante-Emma wieder aufleben?
Wie ging das alte Lied noch? »… wenn an der Tür die Glocke klingelt, ist das beinah schon Melodie …« Reihenweise haben sie zugemacht, die kleinen Läden für den täglichen Bedarf und jetzt machen landauf landab wieder Dorf- und Hofläden auf. Manche von ihnen präsentieren neben eigenen Produkten alles, was man zur Versorgung braucht, wie zum Beispiel die Hofläden Dürr in Schwifting oder Rauch in Rott.

Gibt es einen ganz besonders großen Hofladen, wo man sehr viele regionale Produkte bekommt?
Vielfalt rund um die Uhr bietet der Bauernmarkt Dasing, ein pfiffiges Konzept, denn es ist Autobahnraststätte, Bioladen und Markthalle in einem. Dort bekommt man eigentlich alles, Fleisch und Wurst, Käse und Milch, Bioprodukte von anderswoher und aus der Region wie Eier vom Biolandhof Breitsameter, Lamm vom Asamhof oder Mehl von der Bennomühle aus Friedberg. Dazu allerlei Getränke, Obstsäfte der Region und Bier von der Brauerei Kühbach. Ein 7-Tage-Bauernmarkt sozusagen.

Und die Preise?
Die sind fair und oft sehr niedrig, weil ja die Handelsspanne wegfällt, wenn Erzeuger selber verkaufen.

Fördert ein Einkauf im Hofladen die regionale Wirtschaft?
Man trägt seinen kleinen, aber wichtigen Teil dazu bei, dass die Wirtschaft in der Region gestärkt wird. Suchen Sie doch auch bei Eiern und Milch jemanden, der dies in Ihrer Nähe ab Hof anbietet, denn die Preisdrückerei der Supermarktketten schadet der Landwirtschaft.

MIT LIEBE | Von Hand werden eigene Produkte veredelt und hübsch verpackt.

Junger Charme im alten Viertel

URBANER HOFLADEN UND FEINE VEGGIEKÜCHE

HELDENHAFT | Mit Crowd-Funding starteten die »Lokal-helden« im Bismarckviertel.

Eine Bereicherung für Augsburgs schönes Bismarckviertel mit seinen Gründerzeithäusern sind die »Lokalhelden« allemal. Fröhlich, jung, dabei höchst professionell, vegane und vegetarische Küche, aber ganz ohne erhobenen Zeigefinger. Mona Ridder sagt gerne »wir« und »unser Team«, das findet sie schöner, obwohl es ihr Laden ist. Mit einer Freundin hatte die studierte Pädagogin und gelernte Köchin die Idee, einen Hofladen in der Stadt zu eröffnen. Vielleicht sollte es auch ein bisschen zu essen geben. Ein paar Bistro-Tische, meint sie, waren schon angedacht. Dann machten sie sich auf die Suche und fanden die Räume in der Bismarckstraße 10. »Da war klar, dass wir das Konzept anpassen müssen«, zur Freude des

gesunden Genusses. Jetzt findet man einen kleinen, netten Ladenbereich mit frischem Gemüse aus der Region, mit Basisprodukten aber auch mit ausgesuchten Delikatessen von regionalen Produzenten. Der größere Teil des Raums und die Tische draußen sind gutem Essen und Trinken vorbehalten. Mona kocht so konzentriert und kreativ, dass hier auch Fleischesser nichts vermissen. Sie schmeckt gekonnt ab, leiht aus Küchen mit vornehmlich vegetarischer Tradition Rezepte und baut sie regional um – Rote Bete-Hummus wird dann zum Beispiel daraus. Köstlich! Zu trinken gibt es Riedenburger Bio-Biere, Bio-Weine, hausgemachte frische Säfte, sogar Longdrinks bis hin zu »August«, dem Gin aus Augsburg.

Hummus ist eine arabische Köstlichkeit, normalerweise mit Kichererbsen hergestellt.

Gelbe Bete schmeckt zarter als die bekanntere rote Schwester.

ROTE BETE-ORANGEN-SALAT

500g Rote Bete	Pfeffer
1 Bio-Orange	Olivenöl
Salz	1–2 EL Zitronensaft

Die Rote Bete schälen, in mundgerechte Schnitze schneiden, mit Öl auf ein Blech geben und im Backofen bei ca. 180°C in ca. 15 Min. backen. Sie sollten gar, aber noch knackig sein. Von der Orange etwas Schale abreiben, dann die Frucht schälen und das Fruchtfleisch auslösen. Aus Öl, Zitronensaft, Salz und Pfeffer ein Dressing herstellen. Rote Bete zusammen mit den Orangenfilets und etwas Abrieb anrichten und mit dem Dressing übergießen.

ROTE BETE-HUMMUS

200g Rote Bete, gekocht oder im Ofen gegart
2–3 EL Tahini (Sesampaste)
50g Walnüsse, gerieben
1 Knoblauchzehe, fein geschnitten
Abrieb und Saft einer Bio-Zitrone
Kreuzkümmel, Salz, Pfeffer, etwas Sesam

Alle Zutaten pürieren und abschmecken. Mit Sesam bestreut servieren.

GELBE BETE-SUPPE MIT KRÄUTERSCHAUM

Suppe	Kräuterschaum
600g Gelbe Bete	1 Handvoll gehackter
100g rote Linsen	Kräuter nach Belieben
1 Zwiebel	(z. B. Petersilie, Dill,
1 walnussgroßes Stück Ingwer	Koriander, Salbei,
2 EL Öl	Oregano)
600 ml Gemüsebrühe	150 ml Sahne
Kurkuma	Salz
Salz, Pfeffer	

Öl im Topf erhitzen, Betewürfel und Zwiebel zugeben und 5 Min. andünsten, Kurkuma einrühren und kurz mitrösten. Gewaschene Linsen und den geschälten, gewürfelten Ingwer zugeben und mit der Brühe aufgießen. 20–30 Min. bei mittlerer Hitze kochen, bis das Gemüse weich ist, anschließend pürieren und mit Salz und Pfeffer abschmecken.

Sahne mit einer Prise Salz steif schlagen, Kräuter fein hacken und unterheben. Einen Klecks in die Mitte der Suppe setzen. Wer mag, ersetzt Sahne durch aufgeschäumte Milch.

Ein wunderbares vegetarisches Hauptgericht ist der gefüllte Wirsing mit der nicht nur farblich, sondern auch geschmacklich hervorragend passenden Soße.

WIRSING-ROULADEN MIT DINKEL-NUSS-FÜLLUNG UND KÜRBISSAUCE

1 großer Wirsing
Öl zum Braten

Füllung
100 g Dinkel, geschrotet
100 g Mischung aus Walnüssen, Cashewkernen, Haselnüssen, geschrotetem Leinsamen und Sonnenblumenkernen
½ Bund Petersilie
1 mittelgroße Zwiebel
1 Knoblauchzehe
2 EL Tomatenmark
300 ml Gemüsebrühe
Salz, Pfeffer
geräuchertes Paprikapulver

Kürbissauce
1 kleiner Hokkaido-Kürbis
200 ml Gemüsebrühe
Salz, Pfeffer, etwas Chili
200 ml Sahne oder Crème fraîche

Vom Wirsing die Blätter abteilen, die großen davon in Salzwasser kurz blanchieren, sofort eiskalt abschrecken, dann die Mittelrippen flach schneiden (wie auf dem Bild).

Für die Füllung eine fein geschnittene Zwiebel andünsten, den möglichst frisch geschroteten Dinkel zugeben, kurz mitrösten, dann mit Gemüsebrühe auffüllen und in 5 Min. knapp gar kochen. Anschließend erkalten lassen.

Die Nüsse und Saaten in einer Pfanne ohne Öl anrösten, bis sie duften, erkalten lassen und mit dem Mixer oder einem großen Messer grob zerkleinern. Gehackte Kräuter zufügen, beides zum Dinkel geben und gut durchrühren, nochmals würzig abschmecken.

Kürbis gar dämpfen, mit Gemüsebrühe und Sahne oder Crème fraîche mit dem Stabmixer pürieren, mit Salz, Pfeffer und Chili abschmecken. Es sollte eine sämige Soße entstehen.

Wirsingblätter nun ausbreiten, etwas Füllung in die Mitte geben und aufrollen, die Seiten dabei einschlagen, so dass schöne, kompakte Päckchen entstehen. Dann in einer Pfanne in Öl anbraten und mit der heißen Soße servieren. Dazu passen frische Salate der Saison.

Tipp: Die inneren, gelben zarten Blätter kann man z.B. sehr fein geschnitten zum Salat geben.

Ein wunderbares Dessert für Leute, die nicht so gerne Süßes mögen.

PFANNKUCHEN MIT APFEL-FEIGEN-KOMPOTT UND CAMEMBERT

Pfannkuchen
2 Eier,
etwas Butter
½ l Milch
250 g Mehl
1 Prise Salz
1 Schuss Mineralwasser

200 g Camembert

Apfel-Feigen-Kompott
150 ml Apfelsaft
150 g getrocknete Feigen,
  zerkleinert
75 g Senf, mittelscharf
100 g Gelierzucker 2:1
1 Prise Cayennepfeffer

Feigen und Apfelsaft ca. 10 Min. zugedeckt kochen. Pürieren und abkühlen lassen. Gelierzucker, Senf und Cayennepfeffer zugeben, nochmal kurz aufkochen lassen.

Für den Teig Eier und Salz mit Schneebesen verquirlen, abwechselnd Mehl und Milch unter Rühren zufügen und so lange schlagen, bis keine Klümpchen mehr vorhanden sind. Am Ende das Mineralwasser unterrühren. In einer Pfanne mit etwas Butter 4 dünne Pfannkuchen backen.

Camembert in dünne Scheiben schneiden.

Pfannkuchen mit Kompott bestreichen, mit dem Camembert füllen und mit frischen Früchten anrichten.

Sonniges Wintergemüse

GESUNDE DELIKATESS-KNOLLE

Viel Gutes sagt man dem Topinambur, auch Jerusalem-Artischocke genannt, nach: Topinambur sei Appetitzügler ohne Nebenwirkungen, weil er ballaststoffreich ist und daher ein angenehmes Sättigungsgefühl erzeugt. Die Knollen enthalten viele Vitamine und Mineralstoffe, Spurenelemente sowie essenzielle Aminosäuren, berichtet die Phytotherapeutin Cathérine Blundell. Topinambur ist gesünder als Spinat und hat sechsmal so viel Kalium wie Bananen. Das Gemüse steigert das allgemeine Wohlbefinden, weil sich die Funktion von Leber, Nieren, Darm und auch das Herz verbessern. Durch den hohen Anteil an Kalzium ist die Knolle gegen Osteoporose zu empfehlen. Und dick macht Topinambur auch nicht: 100 g Topinambur enthalten gerade mal 20 Kalorien.

ANBAU UND ZUBEREITUNG

Gärtner lieben das Gewächs. Topinambur ist, obwohl er wie die Kartoffel aus Südamerika stammt, absolut frosthart. Die Knollen können bei offenem Boden sogar den ganzen Winter hindurch geerntet werden. Einziger Nachteil: Sind sie erst einmal aus dem Boden, halten die Rhizome wegen ihrer dünnen Haut nicht besonders lange. Vorteil ist: Man muss Topinambur nicht unbedingt schälen.

Die Knollen schmecken roh ausgezeichnet, zum Beispiel, wenn man sie dünn über Feldsalat hobelt. Geraffelt und in einer schweren Pfanne mit Butterschmalz gebacken, entstehen feine Topinambur-Rösti. Sie passen gut zu kurz gebratenem Fleisch oder sind mit einem Wintersalat auch eine komplette Mahlzeit.

Knackig gekocht schmeckt Topinambur als Salat, der auch eine würzige Marinade zum Beispiel mit Knoblauch und Sardellen gut verträgt. Und unter Zugabe von Zitronensaft gekocht, begleiten Topinamburschnitze ein würziges Brathähnchen perfekt.

Topinambur muss man nicht unbedingt schälen, sauber bürsten genügt. Die dünne Schale kann mitgegessen werden.

Passt perfekt zu Wild wie etwa Rehkoteletts, ist aber auch – mit einem Wintersalat serviert – ein vegetarisches Hauptgericht.

TOPINAMBUR-CURRY-SUPPE

500 g Topinambur
250 g Kartoffeln, geschält
1 Zwiebel
1–2 Karotten, geputzt
3 EL Butter
1–3 EL Currypulver
1–2 TL Honig
Salz, Cayennepfeffer
Koriander
Zitronensaft
4 EL Crème fraîche
1 l Gemüsebrühe

Topinambur, Kartoffeln und Karotten und die Zwiebel würfeln, in Butter anschwitzen, mit Gemüsebrühe ablöschen und 15 Min. weichkochen, dann pürieren (ggf. durch die Flotte Lotte drehen) und mit etwas Honig, Salz, den Gewürzen und Cayennepfeffer, Koriander und Zitronensaft abschmecken. Zuletzt die Crème fraîche unterziehen.

Tipp: Fein auch als Topinambur-Haselnuss-Suppe. Man lässt den Curry weg und brät 2–3 Zweige Thymian, 1–2 Knoblauchzehen und 2 EL gemahlene Haselnüsse in Butter an. Dann Gemüse zugeben und mit Brühe aufgießen, weichkochen und pürieren. Mit Sahne, Salz, Pfeffer abschmecken. Mit angerösteten Haselnüssen oder Haselnusskrokant bestreuen und servieren.

TOPINAMBUR-GRATIN MIT HASELNUSSKRUSTE

1 kg Topinambur
100 ml Sahne
⅛ l Weißwein
ca. ¼ l Gemüsebrühe
150 g Haselnüsse
50 g Butter
Thymian
Salz, Pfeffer
Muskatnuss

Eine Gratin- bzw. Auflaufform ausbuttern, Topinambur schälen, in dünne Scheiben hobeln. Mit etwas Sahne, Wein und Gemüsebrühe vermischen, mit Salz, Pfeffer und Muskatnuss abschmecken. Wein und Brühe sind wichtig, damit die Knollen gar werden, das Ganze aber nicht zu fett wird. Erscheint das Gratin zu trocken, eher noch etwas Gemüsebrühe zufügen. Auf die Gemüseschicht gibt man nun grob gehackte und leicht gesalzene Haselnüsse, Butterflocken sowie etwas Thymian.

Bei 180 °C etwa 40 Min. backen.

Jeder Schinken ist Handarbeit

DIE HOFMETZGEREI OTTILLINGER

Viele Jahrhunderte reicht der Stammbaum zurück, der an Franz Ottillingers Bürowand hängt. Stolz ist er darauf, den Familienbetrieb weiterzuführen. Gott sei Dank, meint er, habe der Vater wieder angefangen, denn da gab es »einen kleinen Knick«. Heute führt Tochter Carolin zusammen mit ihrer Schwester Maria-Theresia den Betrieb, rund zwanzig Metzgermeister und -gesellen unterstützen sie. Freilich täte ihr es leid, wenn ein »Kaibi«, ein Kälbchen, geschlachtet wird. Metzgerhandwerk fängt halt mit Schlachten an, doch bei Ottillinger kommen alle Tiere aus der nahen Umgebung und werden grundsätzlich abends angeliefert, so dass sie sich eine Nacht lang ausruhen können. Außerdem schlachtet man nur einzelne Tiere, Fließbandarbeit gibt es nicht, dafür selbstverständlich große Sauberkeit und Präzision. Nur so kann man Fleisch und Wurst genießen, meint die Chefin.

»Jeder Schinken ist bei uns Handarbeit«, betont einer der Metzger, der prächtige Fleischstücke aus einer Wanne nimmt, überschüssiges Salz entfernt und sorgsam in Netze verpackt. So wird Fleisch zu saftigen Schinken, die man dann in klimatisierten Kammern reifen lässt. Temperatur und Luftfeuchtigkeit müssen stimmen. Malerische Ketten von Würsten hängen an Haken, jede einzelne wird von Hand überprüft. Auch an den Rinder- und Schweinehälften haften Zettel. Hier steht genau, wo das Tier her ist, von welchem

ECHTE HANDWERKSKUNST | Jeder Schinken und jede Salami werden hier von Hand gemacht.

Bauern wie aufgezogen, ob es sich um eine Färse oder einen Stier handelt. »Jedes Fleischstück in den Theken unserer Filialen hat eine Herkunftsbescheinigung. Wir verarbeiten nur Fleisch von Bauern, die ihre Tiere gut behandeln«, meint Carolin Ottillinger resolut. Und alle bäuerlichen Betriebe befinden sich im Wittelsbacher oder im angrenzenden Schrobenhausener Land. Lange Transportwege gibt es also nicht. Die Schweine werden zwar im Stall, aber auf einer dicken Einstreu großgezogen, die Rinder sind Weiderinder, meist Charolais oder andere gute Fleischrassen.

In den Filialen im Wittelsbacher Land und in Augsburg wird mittags Hausmannskost, manchmal sogar mit kleinen kreativen Ausflügen an-geboten. Da landet schon mal Bärlauch in den Semmelknödeln zum Braten und sogar vegetarische Gerichte kommen nicht zu kurz. Die Rezepte stammen von der Mama, und die Köche des Betriebes bereiten die Gerichte täglich frisch zu. In diesen Filialen trifft man übrigens oft auf die Chefin. Sie hört ihren Kunden aufmerksam zu und sucht den Kontakt zu ihnen. Und da sie die Produktion von vorne bis hinten kennt, be-antwortet sie auch gerne Fragen, gibt Tipps zur Zubereitung und strahlt: Man merkt, sie macht ihren Job gerne. So bekommt der Stammbaum der Hofmetzgerei Ottillinger keinen erneuten Knick, obwohl dies bei weiblichen Nachkommen vor Jahrhunderten vielleicht noch der Fall gewesen wäre.

Die Zubereitung dieses Gerichts dauert etwas länger, aber es klingt komplizierter, als es in Wirklichkeit ist. Ein schönes Rezept, wenn man Gäste erwartet.

GEFÜLLTER OCHSENSCHWANZ

1 Zwiebel
1 Karotte
etwas Sellerie
2 kg Ochsenschwanz
    in Stücken
Olivenöl
etwa ½ l Rotwein
etwa 1 l Brühe (➤ S. 143)
2 Lorbeerblätter
5 Pfefferkörner
5 Korianderkörner
5 Wacholderbeeren
½ Rezept Semmelknödel
    (➤ S. 47)
Schweinenetz

Gemüse putzen, würfeln. Ochsenschwanz in einem Bräter in Öl anbraten, herausnehmen. Dann das Gemüse darin rösten, Wein angießen und etwas einkochen lassen. Ochsenschwanz und Lorbeer, Gewürze sowie die Brühe in den Bräter geben und im Ofen bei 170 °C zugedeckt rund 3 Std. schmoren, bis das Fleisch weich ist.

Fleischstücke aus dem Topf nehmen und mit den Händen vom Knochen lösen, solange es noch warm ist. Die Knochen gleich wieder in den Fond zurückgeben und bei mittlerer Hitze weiterkochen lassen. Das Schweinenetz auslegen, darauf das Fleisch in möglichst großen Stücken ausbreiten. Aus der Semmelknödelmasse eine Rolle formen und auf das Fleisch geben. Nun vorsichtig eine Rolle formen, aufpassen, dass das Netz nicht reißt und in Öl rundherum kurz anbraten. Dann im Backofen bei 200 °C in etwa 15 Min. fertig garen.

In der Zwischenzeit Knochen und Gewürze aus der Garflüssigkeit entfernen und diese gegebenenfalls noch etwas einkochen lassen. Den Fond dann mit dem Stabmixer pürieren und abschmecken. Ochsenschwanz in ca. 3 cm dicke Scheiben schneiden und mit der Soße servieren.

Tipp: Dazu passen glasierte Wurzelgemüse, Bayrisch Kraut von ➤ S. 47 oder auch Kürbisgemüse.

Durch den Mantel aus Pesto und Speck bleibt die Kalbslende zart.

KALBSLENDE IM SPECKMANTEL

1 kg Kalbslende
200 g Bauchspeck in dünnen Scheiben
180 g Pesto rosso
Salz, Pfeffer
2 EL Olivenöl

Die Lende von Fett und Sehnen befreien, mit Salz und Pfeffer würzen. Die Speckscheiben in der doppelten Größe des Fleischstückes dachziegelartig auslegen. Eine Seite der Lende mit der Hälfte des Pestos bestreichen und mit der bestrichenen Seite nach unten auf die Speckscheiben legen. Nun das restliche Pesto auf das Fleisch streichen, in die Speckscheiben einschlagen und fest andrücken. 2 EL Olivenöl in einer Pfanne heiß werden lassen, Fleisch von jeder Seite 2 Min. anbraten. Aus der Pfanne nehmen und im vorgeheizten Backofen 40 Min. bei 190 °C braten. Dann herausnehmen und 10 Min. abgedeckt ruhen lassen. Das Fleisch am besten mit einem Elektromesser tranchieren.

Tipp: Dazu passt knackig gegartes Gemüse. Wer Bandnudeln oder Kartoffelbrei dazu serviert, sollte noch eine Soße zubereiten > S. 143.

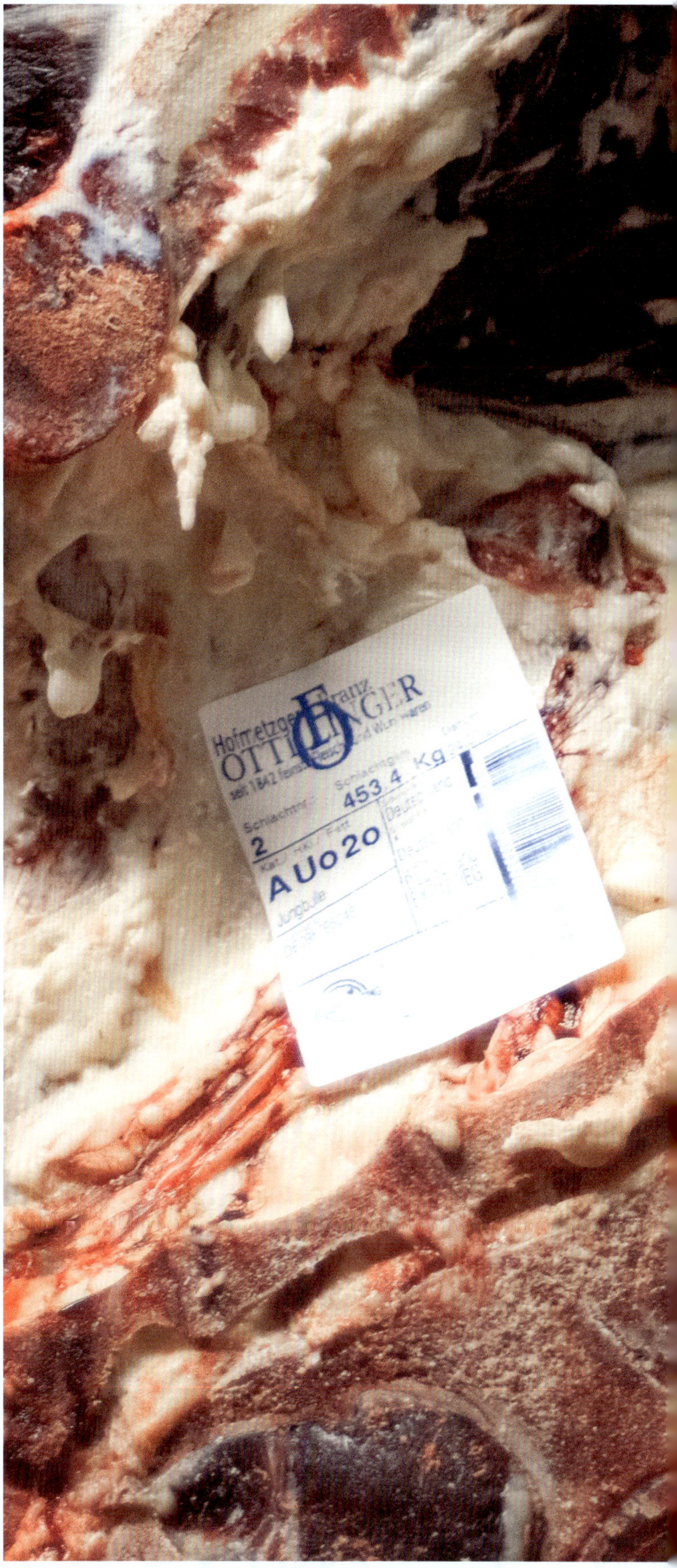

Gebt Senf dazu

SENFSAAT | Bei Pfaffenhofen blühen gelbe Felder. Hier wächst Bio-Senf, aus dem viele Sorten entstehen.

S üßer Senf ist bayerisch. Ohne ihn keine Weißwurst und ohne sie keinen Weißwurstäquator. Kein guter Metzger, der früher nicht seinen Senf selbst hergestellt hätte. Als »Mitgebsel« der Metzgerei auf dem Münchner Viktualienmarkt war er gedacht, die dort seit den 1920er-Jahren Fleisch und Wurst verkaufte. Und weil dieser Senf so gut schmeckte und immer mehr ihn haben wollten, brachte man ihn schließlich als eigenständiges Produkt heraus – der Süße brauchte einen Namen und wurde »Münchner Kindl Senf« genannt. So heißt das Unternehmen bis heute, obwohl es sich inzwischen in Fürstenfeldbruck befindet und zum klassischen Süßen viele andere Senfsorten herstellt, von scharf bis körnig, vom Bärlauch- bis zum Mangosenf. Mit ihm würzt

Andrea Wilkening von Slow Food ihr Mango-Erdbeer-Relish (> S. 82) und gut findet sie, dass die Manufaktur Zutaten aus der Nähe bezieht und schon seit den 1980er-Jahren biologisch produziert. Als Bio-Botschafter in der Feinkostkultur sozusagen. Zum Senf gesellten sich nach und nach fruchtige, scharfe oder süß-saure BBQ-Soßen, die selbstverständlich ohne Geschmacksverstärker sind und nur aus Natur bestehen. Faszinierend, wozu Senf und Soßen überall Verwendung finden, von Vorspeisenfinessen bis zu Desserts und Gebäck. Vom Münchner Viktualienmarkt hinaus in die Welt und wieder zurück, so kann man die Firmengeschichte beschreiben, denn seit 2011 gibt es dort wieder eine Verkaufsstelle.

Man kann Estragon-, Meerrettich- oder einfach klassischen mittelscharfen Senf verwenden.

Wärmt im Winter und wird durch die Schokolade und Chili-Senf zur Delikatesse.

KARTOFFELSUPPE MIT SENF

500 g Kartoffeln	1 Zweig Thymian
1 Zwiebel	1 EL Senf
1 Knoblauchzehe	Salz, Pfeffer
1 Karotte	200 ml Milch oder Sahne
3 Lauchzwiebeln	1 l Gemüsebrühe
50 g Knollensellerie	Muskatnuss, frisch gerieben
2 EL Butter	

Das Gemüse putzen und in Würfel schneiden. Die Lauchzwiebeln in Scheiben schneiden. Dann alles außer den Kartoffeln in einem großen Topf in Butter glasig dünsten. Die Kartoffeln dazugeben und kurz mit anschwitzen. Mit Gemüsebrühe ablöschen, Thymian dazugeben und 30 Min. köcheln. Dann die Suppe pürieren. Milch oder Sahne einrühren und nochmal kurz aufkochen lassen. Mit Salz, Pfeffer, Muskatnuss und Senf abschmecken.

Tipp: Als rustikale Einlage eignen sich Wiener Würstchen, edel wird die Suppe mit Räucherfisch oder Garnelen.

CHILI-ROTWEIN-GULASCH

700 g Rindergulasch	1 EL Mehl
2 rote Zwiebeln, gewürfelt	3 EL Tomatenmark
1 rote Paprika, gewürfelt	1 Zweig Rosmarin
3 Knoblauchzehen, gewürfelt	1 Lorbeerblatt
2 Karotten, gewürfelt	Salz, Pfeffer
1−2 rote Chilischoten	Paprikapulver
10 g Ingwer, gerieben	30 g Zartbitterschokolade
½ l Rotwein	Olivenöl zum Braten
	4 EL Chilisenf

Die Chilischote entkernen und in feine Streifen schneiden. Etwas Öl in einem Schmortopf erhitzen, das Fleisch darin portionsweise kräftig anbraten, herausnehmen. 2 EL Öl in den Topf geben und das Gemüse andünsten. Knoblauch, Ingwer und Chili dazugeben und mit Salz und Pfeffer würzen. Das Mehl darüberstäuben und 1−2 Min. anschwitzen. Das Tomatenmark dazugeben und kurz anrösten, dann mit Rotwein ablöschen. Das Fleisch sowie Lorbeerblatt, Rosmarinzweig und Paprikapulver hinzufügen. Gulasch zugedeckt ca. 2 Std. bei mittlerer Hitze schmoren. Ggf. etwas Wasser oder Brühe zufügen. Schokolade grob hacken, im Gulasch schmelzen lassen. Mit Salz, Pfeffer und Chili-Senf abschmecken.

Gefüllte Fladenbrote heißen in Mexiko Tortillas oder Burritos. In Italien würde man Piadina dazu sagen, in den USA Wraps. So oder so, gefüllte Fladen schmecken köstlich.

BAYERN-BURRITO MIT GUACAMOLE

Füllung

250 g Hähnchenbrust
1 Karotte
1 Gelbe oder Rote Bete
½ Kopf Blaukraut
8 Radieschen
1 Rettich
1 Landgurke
4–6 Blätter Salat
6–8 EL Grillinger Salsa Soß'

Tortilla

250 g helles Dinkelmehl
1 EL neutrales Speiseöl
1 TL Salz
225 ml Wasser

Guacamole

1 Avocado
1 Schalotte, fein geschnitten
Salz, Pfeffer
Chili nach Belieben
1 Knoblauchzehe, fein gehackt

Den Rettich, die Karotte, die Rote / Gelbe Bete und die Land-gurke in Stifte zerteilen. Das Blaukraut und den Salat in sehr feine Streifen, die Radieschen in Scheiben schneiden. Das Gemüse auf einem großem Teller oder Brett anrichten.

Aus Mehl, 1 EL Öl, Wasser und 1 TL Salz einen Teig kneten und kurz ruhen lassen.

Für die Guacamole Fruchtfleisch der Avocado mit allen anderen Zutaten mischen, mit einer Gabel vermengen und abschmecken.

Hähnchenbrust in Streifen schneiden, goldbraun braten und mit Salz und Pfeffer würzen.

Den Teig in 6–8 Stücke teilen und jeweils zu einem dünnen, runden Fladen ausrollen. Eine beschichtete Pfanne mit wenig Öl hoch erhitzen. Tortillas nacheinander etwa 30 Sek. backen, dann stapeln und zugedeckt abkühlen lassen.

Jetzt kann befüllt werden. Jeder kann nun seinen Bayern-Burrito nach Belieben mit Gemüse, dem Avocado-Dip und Grillinger Salsa Soß' füllen.

Tipp: Soße selbstgemacht: Stückige Tomaten aus dem Glas mit kleingehackter Zwiebel, Chili, Limettensaft, Salz und Pfeffer ver-rühren. Fein gehacktes Koriandergrün unterheben.

Das Gebäck schmeckt auch mit Haselnüssen oder Mandeln.

MACADAMIA-COOKIES

100g Butter
350g brauner Zucker
2 Eier
2 EL Sahne
1 Pck. Vanillezucker
1 EL Münchner Kindl Orangen- oder Mangosenf
400g Mehl
2 TL Backpulver
½ TL Salz
100g Macadamia-Nüsse, grob gehackt
100g weiße Schokolade, geraspelt

Butter und Zucker schaumig rühren, danach die Eier, Sahne, Vanillezucker und den Senf hinzufügen. Mehl mit Backpulver und Salz mischen und portionsweise durch ein Sieb hinzugeben und gründlich verrühren. Anschließend Macadamia-Nüsse und Schokolade unterheben. Jeweils 1 EL Teig auf ein Backblech mit Backpapier geben und dabei großzügig Platz zum Zerlaufen lassen. 10–13 Min. bei 190°C im vorgeheizten Ofen backen und abkühlen lassen.

Glühwein-Geschichten

KULINARISCHER ADVENT

Ein Koch gab uns den Tipp zum Friedberger Advent. Er meinte, kulinarisch betrachtet wäre er der beste in der ganzen Region. Darauf folge gleich jener auf Gut Mergenthau. Wir ergänzen noch den wunderschön-stimmigen Hof-Weihnachtsmarkt vom Kultur-Stadl (> S. 68), wo der Hausherr extra Wein vom Winzer aus Italien kommen lässt und echte Gewürze wie Sternanis, Zimtstangen und Orangenschale für seinen Glühwein verwendet. Dazu gibt es Bratwürste vom örtlichen Metzger, die dieser extra für ihn herstellt. Auf Gut Mergenthau bekommt man äußerst delikate Rehbratwürstchen in rescher Semmel. Gut, dass man am Standl daneben handgemachte Chutneys der Beeren-Hexe aus Friedberg probieren darf. Die passen nämlich ausgezeichnet dazu. In Friedberg ist ein Gutteil der Stände mit kulinarischen Köstlichkeiten bestückt, Weihnachtsgebäck vom örtlichen Bäcker, Bio-Bratäpfel mit verschiedenen Füllungen und eine Suppenküche, in der hausgemachte Gulaschsuppe oder Wilderer-Topf angeboten werden, in Erinnerung an den bayerischen Hiasl, der hier einstmals die Wälder durchstreifte.

GLÜHWEINREZEPTE

Guter Wein ist die Basis von gutem Glühwein, Billigwein wird auch durch Gewürze und zu viel Zucker nicht besser, ist höchstens für Kopfschmerzen am nächsten Tag verantwortlich. Macht man ihn zuhause, kann man variieren. In weißen Glühwein passt ein Schuss Orangen- oder Ananassaft, roten verfeinert man mit Johannisbeer-, Kirsch- oder Holundersaft.

Wenn Glühwein übrig bleibt, macht man Rehfilet im Glühweinteig. Dazu bereitet man aus Glühwein, Mehl und Salz einen Teig und rollt ihn aus. Man brät das Filet rundherum in einer Pfanne an und würzt mit Salz und Pfeffer. Dann wickelt man es in den Teig und bäckt es im Backofen. Oder man bereitet Glühweinkuchen im Glas. Das Rezept steht auf der nächsten Seite.

SELBSTGEMACHT | Advent in den Hütten mit Spezialitäten aus der Region

193

Maronen, also Esskastanien, passen zum Bratapfel, aber auch zu Wildgerichten.

Glühweinkuchen im Glas ist ein perfektes Mitbringsel zum Adventskaffee.

WEIHNACHTLICHE BRATÄPFEL

4 Äpfel	**Soße**
Abrieb einer Bio-Orange	1 Apfel
100 g Maronen, gekocht	1 Banane
Mark einer Vanillestange	etwas Zitronensaft
1 EL Münchner Kindl	2–3 EL Honig
Festtagssenf	1 EL Mangosenf
Zimt	⅛ l Weißwein
2 EL Rohrzucker	

Aus den Maronen ein Mus bereiten und mit Senf, Vanillemark, Zimt, 2 EL Rohrzucker und der Orangenschale vermengen. Das Kerngehäuse der Äpfel ausstechen, Äpfel quer in Scheiben schneiden und Füllung in die Mitte und zwischen die Scheiben geben.

Die Äpfel auf ein Blech setzen und im vorgeheizten Backofen bei 175 °C Umluft ca. 45 Min. backen.

Jeden Apfel mit einer Zimtstange und einem Anissternchen krönen.

Für die Soße Früchte schälen und Apfel fein würfeln, Banane in Scheiben schneiden. Dann mit allen anderen Zutaten in einen Topf geben und 10 Min. auf kleinster Flamme köcheln lassen. Mit dem Stabmixer pürieren und abkühlen lassen.

GLÜHWEIN-GEWÜRZ-KUCHEN

250 g Butter, weich	4 Eier
180 g Zucker	200 g Mehl
1 Pck. Vanillezucker	50 g Speisestärke
abgeriebene Schale von	2 TL Backpulver
1 Bio-Orange	⅛ l Glühwein
2 TL Lebkuchengewürz	Semmelbrösel

Den Ofen auf 175 °C Ober-/Unterhitze vorheizen.

Butter schaumig rühren. Nach und nach Zucker, Vanillezucker, Orangenschale und Lebkuchengewürz unterrühren. Die Eier einzeln unterschlagen. Das Mehl mit Backpulver und Speisestärke mischen und abwechselnd mit dem Glühwein unterrühren.

Form(en) einfetten, mit Semmelbröseln ausstreuen, Teig einfüllen und im Backofen ca. 40–45 Min. backen (Stäbchenprobe!).

Bäckt man den Kuchen in Weckgläsern, hält er einige Wochen. Dazu Gläser mit dem Teig nur zu ⅔ füllen. Die Backdauer ist bei kleinen Gläsern kürzer. Bei Gläsern von ¼ l beträgt sie nur ca. 25 Min., bei Gläsern von ½ l 40 Min. Nach dem Backen schließt man die Gläser mit sterilisierten Deckeln und Gummiringen, solange der Kuchen noch heiß ist. Geeignet sind alle Kuchen aus Rührteig.

Die Taler schmecken nicht nur im Advent, zum Espresso gereicht, erfreuen sie das ganze Jahr.

WEIHNACHTS-TALER

250 g Butter	75 g Zitronat, fein gehackt
120 g Zucker	2 TL Zimtpulver
100 ml Birnensirup	½ TL Ingwerpulver
75 g ungeschälte Mandeln	7 g Pottasche
½ TL Gewürznelken,	500 g Mehl
gemahlen	30 g Kakao

Butter, Zucker und Sirup in einem Topf unter Rühren kurz aufkochen. Vom Herd nehmen und Mandeln, Zitronat sowie die Gewürze unterrühren, abkühlen lassen. Das Mehl darübersieben und unterkneten. Nun etwa ein Fünftel des Teigs mit dem Kakao verkneten. Aus dem hellen Teig Rollen formen, den Kakaoteig ausrollen. Die hellen Rollen in den Kakaoteig einschlagen, gut festdrücken.

Nun die Rollen für mindestens 6 Std. gut verpackt im Kühlschrank ruhen lassen.

Backblech fetten, den Backofen auf 200 °C Ober-/Unterhitze vorheizen. Die Rollen in Scheiben von etwa ½ cm schneiden und mit genügend Abstand auf das Backblech legen. Auf der mittleren Leiste 8–10 Min. backen.

Madavanilla

BIO-VANILLE AUS MADAGASKAR

Ludivine und Christian Terno führen den Familienbetrieb »Madavanilla«.

Kürzlich titelte eine Zeitung: »Gold, Vanille, Silber«. Was macht Vanille so kostbar?
Christian Terno: Der hohe Preis von Vanille liegt an der weltweit gestiegenen Nachfrage nach echten Aromen, auch Ernteverlust durch Stürme spielt eine Rolle.

Wie sind Sie zur Vanille und die Vanille ins oberbayerische Peutenhausen gekommen?
Zur Vanille bin ich über meine Frau gekommen, sie stammt aus einer Familie auf Madagaskar, welche bereits in der vierten Generation damit handelt und die Schoten auch selber anbaut. Die

Idee, die Vanille aus ihrer Familie aufgrund der bestehenden Kontakte in Deutschland zu vertreiben, war im Grunde ein Experiment, das zum Glück funktioniert hat ☺

Vanillezucker, -pudding, -kipferl: Bekannt ist die Verbindung mit Süßspeisen. Würzt Vanille auch Salziges?
Vanille und Würzen würde ich nicht in Verbindung bringen. Vanille soll, gerade bei pikanten Speisen, den Geschmack unterstützen und abrunden. So kann man ohne Probleme bei jedem Braten ein Stück Vanille in den Sud legen, sie rundet den Geschmack sehr gut ab, ohne zu aufdringlich im Aroma zu wirken. Vanille passt auch sehr gut zu gekochtem Gemüse, z. B. zu Karotten, Sellerie oder Tomaten.

ORCHIDEENDUFT | Viel Handarbeit und Pflege sind nötig, um beste Vanille zu erzeugen.

Was ist Vanillin?
Künstliches Vanillin wird durch technische Methoden (z. B. Sulfitlauge) gewonnen. Natürliches Vanillin wird aus Stoffen mit natürlicher Basis gewonnen, z. B. aus Schimmelpilzen oder Bakterien. Beide Aromastoffe haben mit der echten Vanille so gut wie nichts gemein und können gerade für Allergiker bedenklich sein.

Bietet »Madavanilla« nur Vanille an?
Im Laufe der Jahre haben wir unseren Handel und Import auf über 300 Gewürze und Teemischungen erweitert. Wir bieten eigene und klassische Gewürzmischungen bei uns im Shop an. Ein Steckenpferd von uns wurde im Laufe der Jahre auch der Handel mit exotischen Pfeffersorten und Salzen aus aller

Welt, z. B. Wilder Bourbon Pfeffer, Schokoladenpfeffer, Whiskeypfeffer, Tasmanischer Pfeffer …

Wie lagert man Vanilleschoten?
Frische Vanilleschoten, die noch weich und feucht sind, können ohne Probleme eingefroren werden. Alternativ ist die klassische luftdichte Lagerung (z. B. Schraubglas) auch möglich. Von Glasröhrchen raten wir ab, da hier die Schoten meist schneller austrocknen.

Was ist das Vanille-Lieblingsrezept ihrer Familie?
Unsere Lieblingsgerichte sind Garnelen mit Thymian und Vanillebutter und als Nachspeise ein klassischer Vanillepudding – natürlich mit echter Vanille.

Ein schönes Mitbringsel, wenn man eingeladen ist: selbstgemachte edle Gelees

Etwas Besonderes: Marmorkuchen mit Pistazien und Vanille

ORANGEN-HOLUNDER-GELEE

300 ml Orangensaft
100 ml Holunderblütensirup
Mark einer Vanilleschote
Geliermittel, z. B. Konfitura

Alle Zutaten in einen großen Topf geben. Dann nach Packungsanweisung aufkochen und in sterilisierte Gläser füllen. Wer mag, kann Stücke der Vanilleschote in die Gläser geben.

JOHANNISBEER-VANILLE-GELEE

1,5 kg schwarze Johannisbeeren
1 Vanilleschote
500 g Gelierzucker 1:2

Johannisbeeren von den Stielen streifen. Die Vanilleschote aufschlitzen, das Mark auskratzen und zusammen mit den Beeren und ½ Liter Wasser in einen Topf geben. Kochen, bis die Beeren aufgeplatzt sind. Dann ein großes Sieb mit einem feuchten Geschirrtuch auslegen, die Beeren abseihen und den Saft auffangen. ¾ Liter Saft mit dem Zucker in einen großen Topf geben, nach Packungsanweisung weiter verfahren und abfüllen.

VANILLE-PISTAZIEN-ORANGENKUCHEN

Teig
120 g Butter
150 g Rohrzucker
3 Eier
250 g Quark
Mark einer Vanilleschote
20 g Orangenschale, fein gemahlen

300 g Mehl
1 Pck. Backpulver
1 Prise Salz
50 g Pistazien, gemahlen

Verzierung
100 g Schokoladen-Glasur
50 g Pistazien, gehackt

Butter mit Zucker schaumig rühren, anschließend die Eier, Vanille, Orangenschale und Quark unterrühren. Mehl, Backpulver und Salz zufügen und einarbeiten. ⅓ des Teigs mit den gemahlenen Pistazien vermischen und in eine Backform füllen, schließlich den Rest des Teiges einfüllen und mit einer Gabel mit der Pistazienmasse wie bei einem Marmorkuchen vermischen. Bei 180 °C ca. 45 Min. backen und abkühlen lassen.

Die Schokoladenglasur im Wasserbad schmelzen, den Kuchen damit überziehen und mit den Pistazien bestreuen.

Diese Tarte ist ein Klassiker der Kuchenbäckerin Ute ➤ S. 202. Sie verwendet Bio-Zutaten für ihre Kuchen und Torten und bestellt die Vanilleschoten schon immer bei Madavanilla.

LIMETTENTARTE MIT VANILLE

Teig
200g Mehl
50g feiner Zucker
1 Prise Salz
1 Eigelb
120g kalte Butter
Trockenerbsen zum Blind-
 backen
Butter und Semmelbrösel
 für die Form

Füllung und Verzierung
4 Eier
180g Zucker
½ Vanilleschote
3 Bio-Limetten
100g Sahne
4EL Zucker

Aus den Zutaten für den Teig einen Mürbeteig herstellen und etwa eine ½ Std. kühlstellen.

Von zwei Limetten die Schale abreiben und den Saft auspressen. Vanilleschote auskratzen.

Backofen auf 175 °C Umluft vorheizen.

Springform buttern und mit Semmelbröseln ausstreuen. Den Teig zwischen 2 Backfolien auswellen, Backform damit auskleiden (Rand ca. 4 cm); Boden mehrmals mit einer Gabel einstechen, Backpapier in die Form legen, Erbsen daraufgeben und den Boden blind 10 Min. vorbacken. Erbsen und Backpapier entfernen und weitere 10 Min. backen.

In der Zwischenzeit die Eier mit dem Zucker schaumig schlagen, dann das Vanillemark, Limettenschale und -saft dazugeben und alles gut vermischen. Am Schluss die Sahne unterrühren.

Das Ganze auf den vorgebackenen Boden gießen, den Backofen auf 140 °C Umluft herunterschalten und die Tarte ca. 25 – 30 Min. backen.

Inzwischen 4 EL Wasser mit Zucker aufkochen und 3 Limettenscheiben etwa 5 Min. darin köcheln lassen. Herausnehmen, Zuckerwasser einkochen. Diesen Sirup vorsichtig auf die Tarte streichen, sobald sie ausgekühlt ist. Die Limettenscheiben vierteln und Tarte damit verzieren.

Dies ist ein Original-Rezept aus Madagaskar. Auf diese Art kann man auch Jakobsmuscheln zubereiten.

Orangen-Chili-Salz macht man am besten selbst. Es ist auch ein nettes Mitbringsel für Kochfreunde.

VANILLEGARNELEN

12 große Garnelen (am besten roh und mit Schale)
50 g Butter
1 EL Thymianblättchen, getrocknet
2–3 Vanilleschoten
5 g Salz, aufgelöst in ½ Liter Wasser

Von den Garnelen den Darm entfernen, aber nicht schälen. Die Garnelen der Länge nach aufschneiden (halbieren), anschließend kurz in die Salzlauge tauchen und in eine ofenfeste Form geben. Vanillestangen öffnen, Mark herauskratzen, dann mit der Butter mischen. Vanillebutter kurz erhitzen, die Garnelen damit bestreichen und mit Thymian bestreuen (hat man frischen Thymian zur Hand, nimmt man die doppelte Menge). Im vorgeheizten Backofen bei 180 °C 5 Min. garen (nicht länger, sonst werden die Garnelen trocken). In Madagaskar werden die Garnelen meist mit Reis oder / und Salat serviert.

Tipp: Vanillebutter kann man auf Vorrat herstellen. Zu einer Rolle formen und einfrieren. Vanillebutter passt auch zu Hühnchen und natürlich zu allerlei Gebäck.

BRETONISCHE AUSTERN MIT VANILLE-LIMETTEN-DRESSING

24 frische Austern   *2 EL brauner Zucker*
2 Schalotten   *Mark von 1 Vanilleschote*
2 Bio-Limetten   *etwas Chili-Orangen-Salz*

Die Schalotten schälen und sehr fein würfeln. Schale der Limetten abreiben, dann den Saft auspressen. Alles zusammen mit dem Zucker, dem Vanillemark und etwas Chili-Orangen-Salz verrühren.

Die Austern säubern, mit einem Austernöffner öffnen. Dann mit der Vinaigrette servieren.

CHILI-ORANGEN-SALZ

Abrieb einer Bio-Orange
80 g Salz
Chilischoten, getrocknet

Alle Zutaten vermischen und an der Luft trocknen lassen, bis wirklich alles trocken ist. Dann in einer Mühle (sehr gut: eine Kaffeemühle, die nur zur Gewürzzubereitung verwendet wird) fein mahlen. Passt auch gut zu Kürbis, Ente, Hühnchen oder Couscous.

Im Sommer sollte das Dessert auf eiskalten Tellern serviert werden!

SCHOKOLADENSALAMI

250g Butter
60g Puderzucker
2 Eigelb
100g bitteres Kakaopulver
50g Amaretti

Mark einer Vanilleschote
100g Löffelbiskuits
100g Mandeln
etwas Rum oder Cognac

Weiche Butter mit dem Zucker schaumig schlagen, Eigelbe mit einer Gabel aufschlagen und zur Buttermasse geben. Löffelbiskuits und Amaretti zerbröseln. Nun Kakao in die Buttercreme sieben, gut durchmischen. Anschließend die Kekse mit einem Kochlöffel unterziehen.

Mandeln mit kochendem Wasser überbrühen, die Haut abziehen, dann die Mandeln fein mahlen. Die gemahlenen Mandeln, den Rum und das Vanillemark einrühren und durchziehen lassen.

Klarsichtfolie auslegen, die Masse der Länge nach daraufgeben und zu einer Rolle mit etwa 4 cm Ø formen. Gut einwickeln und im Kühlschrank mindestens über Nacht, besser ein bis zwei Tage durchziehen lassen.

Zum Servieren in Scheiben schneiden, das geht am besten mit einem in heißes Wasser getauchten großen Messer. Mit geschlagener Sahne, bestreut mit etwas Kakaopulver, servieren.

Die gute Ute

SÜSSE VERFÜHRUNG MIT KUCHEN UND GEBÄCK

Ute Jesina hat Fremdsprachenkorrespondentin gelernt, doch zur Freude aller Schleckermäuler backt und verkauft sie Kuchen und Torten.

Wie bist du zum Backen gekommen?
Ute Jesina: Ich backe (und koche) schon seit gut 40 Jahren richtig gerne, hätte aber nie gedacht, dass ich damit mal einen Teil meines Lebensunterhalts verdienen würde. Inzwischen bin ich schon seit 13 Jahren mit meinem Kuchenstand auf dem Uttinger Wochenmarkt.

Wie viele verschiedene Kuchen machst du?
Meistens habe ich 8 – 9 Sorten dabei, aber ich variiere, damit es den Kunden und, ehrlich gesagt, auch mir nicht langweilig wird. Ich habe eine Liste der Kuchen, die ich schon gebacken habe, da bin ich schon bei Nr. 550.

Wo gibt's dein Gebäck? Kann man es vorbestellen?
Meine Kuchen und Torten gibt es auf dem Uttinger Wochenmarkt, aber natürlich kann man bei mir auch bestellen.

Machst du nur Süßes?
Hauptsächlich, aber ich freue mich, wenn zwischendurch eine Anfrage für ein kleines herzhaftes Catering kommt, weil mir eben auch das Kochen viel Spaß macht.

Welches ist dein persönlicher Lieblingskuchen?
Oh Gott, das ist schwierig. Ich esse am liebsten immer nur halbe Kuchenstücke, damit man mehrere probieren kann. Dementsprechend ist es für mich unmöglich, mich für einen einzigen Kuchen zu entscheiden. Aber zu meinen Favoriten zählen Mohnstreusel und Apfel-Wein-Torte, und im Sommer Limettentarte, Eiskaffee-Torte, Erdbeer-Schoko- und Rhabarberkuchen.

Nimmst du auch Bio-Zutaten?
Etwa 90% sind Bio-Zutaten. Manchmal haben z.B. biologische Früchte nicht die richtige Reife, dann greife ich auf konventionelle Ware zurück.

Panettone ist der typische Weihnachtskuchen in Italien. Der Teig muss deshalb so lange gehen, weil Eier, Butter und Trockenfrüchte den Teig schwer machen.

WEIHNACHTSAUSFLUG NACH ITALIEN: IL PANETTONE

Teigmenge reicht für 2 Panettone-Formen oder 1 große Gugelhupf-Form. Angaben für die Gesamtmenge je Zutat – unbedingt nach den angegebenen Schritten verarbeiten!

525 g Weizenmehl
10 g Bierhefe
4 Eier, 2 Eigelb
165 g Zucker
8 g Honig
150 g Rosinen
125 g Orangeat
50 g Zitronat
155 g Butter
1 TL Salz
Mark einer Vanilleschote
Abrieb einer Bio-Zitrone und Bio-Orange

Als Erstes 75 g Mehl mit 8 g Bierhefe und einem halben Glas lauwarmem Wasser vorsichtig verrühren. Gehen lassen, bis sich das Volumen verdoppelt hat. Nun 2 Eier und 150 g Mehl sowie weitere 2 g Bierhefe zugeben, durcharbeiten, bis sich alle Zutaten zu einem homogenen Teig verbunden haben. Danach 45 g Zucker und 40 g zimmerwarme Butter dazugeben, nochmals gut durcharbeiten.

Im nächsten Schritt 2 Eier, den Honig und 300 g Mehl zugeben und – am besten von Hand auf einem Backbrett – durcharbeiten. Dann 2 Eigelb, 1 TL Salz, Vanille, Zitronen- und Orangenschale sowie insgesamt 120 g Zucker nach und nach zugeben und wiederum kneten. Schließlich weitere 100 g zimmerwarme Butter sowie Rosinen, Orangeat und Zitronat in den Teig einarbeiten.

Den Teig nun an einem warmen Ort 45 Min. gehen lassen. In eine Panettone-Form (oder Muffinförmchen für Mini-Panettone) geben, Oberfläche mit neutralem Öl einpinseln. Über Nacht an einem kühlen Ort gehen lassen, der Teig sollte danach etwa doppelt so hoch sein.

Nun den Panettone an einen gut gelüfteten Ort stellen (z.B. ans gekippte Fenster), damit die Oberfläche abtrocknet und eine Kruste bildet. Die Oberfläche kreuzweise einschneiden und in die Mitte einen Löffel Butter geben.

Zunächst bei 210 °C 5 Min. backen, dann die Temperatur auf 190 °C senken und den Panettone fertig backen (ggf. Stäbchenprobe machen). Die Backdauer hängt von der Größe des Panettone ab: Ein großer Panettone (mit allen oben erwähnten Zutaten) braucht insgesamt etwa 50 Min., setzt man den Teig in Muffin-Förmchen, reichen etwa 40 Min. aus.

Stade Zeit

PÄCKCHEN PACKEN, PLÄTZCHEN BACKEN, PAUSE MACHEN

Liebhaber von Nougat scheuen die Mühe nicht. Denn drei Arbeitsschritte braucht's für die Ringe.

Der Duft von Nelken und Zimt bedeutet für viele: Es ist Weihnachts- und damit Plätzchenzeit!

NOUGATRINGE

Teig
100 g Mehl
40 g Puderzucker
2 TL Vanillezucker
Orangenabrieb
1 Prise Salz
2 Eigelbe
60 g kalte Butter in
    Flöckchen

Belag
120 g Haselnüsse, gehackt
50 g weiche Butter
300 g weiches, dunkles
    Mandelnougat
Orangenabrieb

Glasur
400 g dunkle Kuvertüre

Aus den Teigzutaten einen Mürbeteig kneten und 2 Std. kühlen. Dann auf einer bemehlten Arbeitsfläche 2 mm dünn ausrollen und Kreise von 5 cm Ø mit einem Loch in der Mitte ausstechen.

Ein Backblech mit Backpapier auslegen und die Teigringe vorsichtig daraufsetzen. Im vorgeheizten Ofen bei 180 °C ca. 10 Min. backen, auskühlen lassen.

Die Haselnüsse in einer Pfanne anrösten, beiseite stellen. Butter, Mandelnougat und Orangenschale schaumig schlagen, in einen Spritzbeutel mit kleiner Lochtülle geben und auf die Gebäckringe spritzen. Danach jeden Ring in die abgekühlten Haselnüsse drücken und kühlstellen.

Für die Glasur die Kuvertüre schmelzen, Plätzchen darin eintauchen, gut abtropfen lassen, zum Trocknen auf Pergamentpapier setzen, kühlstellen.

GEWÜRZSPLITTER

Füllung
160 g dunkle Kuvertüre
140 g Mandelstifte

Teig
100 g Butter
100 g Butterschmalz
90 g Zucker

2 TL Vanillezucker
2 Eigelbe
1 TL Zimt
2 Msp. Nelken, gemahlen
2 Msp. Piment, gemahlen
200 g Mehl
200 g Mandeln, gehackt

Butter und Butterschmalz (beides weich), Zucker, Vanillezucker, Eigelb, Gewürze, gesiebtes Mehl und gehackte Mandeln zuerst mit den Knethaken des Mixers, dann mit den Händen zu einem glatten Teig verkneten. Den Teig abgedeckt mindestens 1 Std. kaltstellen.

Den Teig portionsweise zwischen 2 Dauerbackfolien (oder Klarsichtfolien) 2–3 mm dick ausrollen. Runde Plätzchen mit gewelltem Rand ausstechen und auf ein Backblech (Folie oder gefettet) legen. Im vorgeheizten Ofen bei 175 °C ca. 5–10 Min. hellgelb backen. Abkühlen lassen.

Kuvertüre im heißen Wasserbad schmelzen, Mandelstifte unterrühren. Jeweils 1 TL Schokomandeln auf die Plätzchen geben und fest werden lassen.

Mit der Stadt Florenz in der Toskana haben die Florentiner nichts gemein.

FEINE FLORENTINER

50 g Butter
⅛ l Sahne
100 g Mandeln, gehobelt
50 g Zitronat, gehackt
50 g Orangeat, gehackt
120 g Zucker
1 TL Vanillezucker
1 Msp. Zimt
65 g Mehl
Kuvertüre

Butter mit Sahne aufkochen. Mandeln mit Zitronat, Orangeat, Zucker, Vanillezucker, Zimt und Mehl mischen, in die heiße Sahne rühren, einige Min. schwach kochen lassen, ab und zu umrühren. Auf ein mit Backpapier belegtes Blech in etwas größerem Abstand mit dem Teelöffel Häufchen setzen und die Florentiner 20–25 Min. bei 175 °C backen. Die Unterseite der fertigen Plätzchen mit geschmolzener Kuvertüre überziehen.

Für die federleichten und köstlichen Cappuccinosterne kann man statt des Espressopulvers auch richtigen Espresso verwenden. Nur stark und besonders aromatisch sollte er auf jeden Fall sein.

ITALIENISCHE CAPPUCCINOSTERNE

Teig
125g Marzipan
3 EL lösliches Espresso-
  pulver
3 Eiweiß, Salz
300g Puderzucker
250g Mandeln, fein
  gemahlen
½ TL Zimt

Guss
1 TL lösliches Espresso-
  pulver

Marzipan grob raspeln. 3 EL Espressopulver in 1 EL heißem Wasser auflösen. Eiweiß mit 1 Prise Salz und Puderzucker 4−5 Min. zu einem sehr festen Eischnee schlagen. 130 g vom Eischnee für den Guss abgedeckt kaltstellen. Marzipan, Mandeln, aufgelöstes Espressopulver und Zimt zum übrigen Eischnee geben. Mit den Knethaken gut unterarbeiten, bis eine glatte Masse entsteht. In Folie gewickelt, 2 Std. kaltstellen.

Vom beiseite gestellten Guss 1 EL abnehmen. 1 TL Espressopulver und ½ TL Wasser verrühren und mit dem Guss vermischen. In einen kleinen Spritzbeutel füllen.

Nach und nach jeweils ⅓ der Teigmasse aus dem Kühlschrank nehmen. Zwischen 2 Lagen Backpapier ca. 1 cm dick ausrollen und mit einem Stern-Ausstecher (ca. 5 cm) dicht an dicht ausstechen. Auf ein mit Backpapier belegtes Blech setzen. Jetzt zuerst den Eischnee auf die Sterne streichen und dann den braunen Guss in Streifen darüberspritzen. Mit einem in Wasser getauchten Holzstäbchen den braunen in den weißen Guss ziehen.

Bei 170 °C Ober- / Unterhitze (150 °C Umluft) auf der untersten Schiene ca. 12 Min. backen.

Schokolaiberl haben Suchtfaktor. Sie schmecken ausgezeichnet und machen gar nicht so viel Arbeit.

In Kolumbien wächst Kaffee, daher der Name. Die Plätzchen schmecken das ganze Jahr zum Espresso.

SCHOKOLAIBERL

350g Zartbitter-	*1 TL Backpulver*
Schokolade	*3 EL Milch*
50g Butter	*100g Mandeln, gemahlen*
3 Eier	*50g Zucker*
100g Zucker	*50g Puderzucker*
120g Mehl	*Mehl für die Arbeitsfläche*

Schokolade kleinhacken und mit der Butter auf einem warmen Wasserbad schmelzen. Eier mit Zucker schaumig schlagen. Mehl mit Backpulver mischen, mit der Schokoladenmasse, Milch und Mandeln zur Eier-Zucker-Masse geben und alles zu einem glatten Teig verrühren. Mindestens 1 Std. in den Kühlschrank stellen.

Teig halbieren und auf einer bemehlten Arbeitsfläche jeweils zu Rollen formen. Von diesen Rollen mit einem scharfen Messer ca. 1 cm dicke Scheiben abschneiden. Daraus Kugeln formen und diese erst im Zucker, dann im Puderzucker wälzen. Die Kugeln mit etwas Abstand auf mit Backpapier belegte Bleche legen und im vorgeheizten Backofen bei 180 °C Umluft (ca. 200 °C Ober-/Unterhitze) backen.

KOLUMBIANER

Teig	*1 EL lösliches Espressopulver*
90g Butter	*50g Mehl*
40g Puderzucker	
1 TL Vanillezucker	**Verzierung**
1 Prise Salz	*150g Puderzucker*
2 Eigelbe, 2 Eiweiß	*3 EL starker Espresso*
20g Kakaopulver	*Schoko-Mokkabohnen*
1 EL Rum	
40g Zucker	*Papierförmchen*

Butter, Puderzucker, Vanillezucker und eine Prise Salz schaumig schlagen, dann das Eigelb dazugeben, schließlich Kakaopulver, Rum und Espressopulver untermischen.

Das Eiweiß steif schlagen, den Zucker dabei einrieseln lassen. Den Eischnee und das gesiebte Mehl vorsichtig unter den Teig heben.

Den Teig in einen Spritzbeutel mit mittlerer Lochtülle füllen und die Förmchen zu ⅔ damit ausspritzen. Im vorgeheizten Backofen bei 180 °C ca. 10–12 Min. backen.

Wenn die Plätzchen abgekühlt sind, den Puderzucker für die Glasur mit dem Espresso glattrühren. Aus den Förmchen nehmen, die obere Seite in die Glasur tauchen und mit Schoko-Mokkabohnen verzieren.

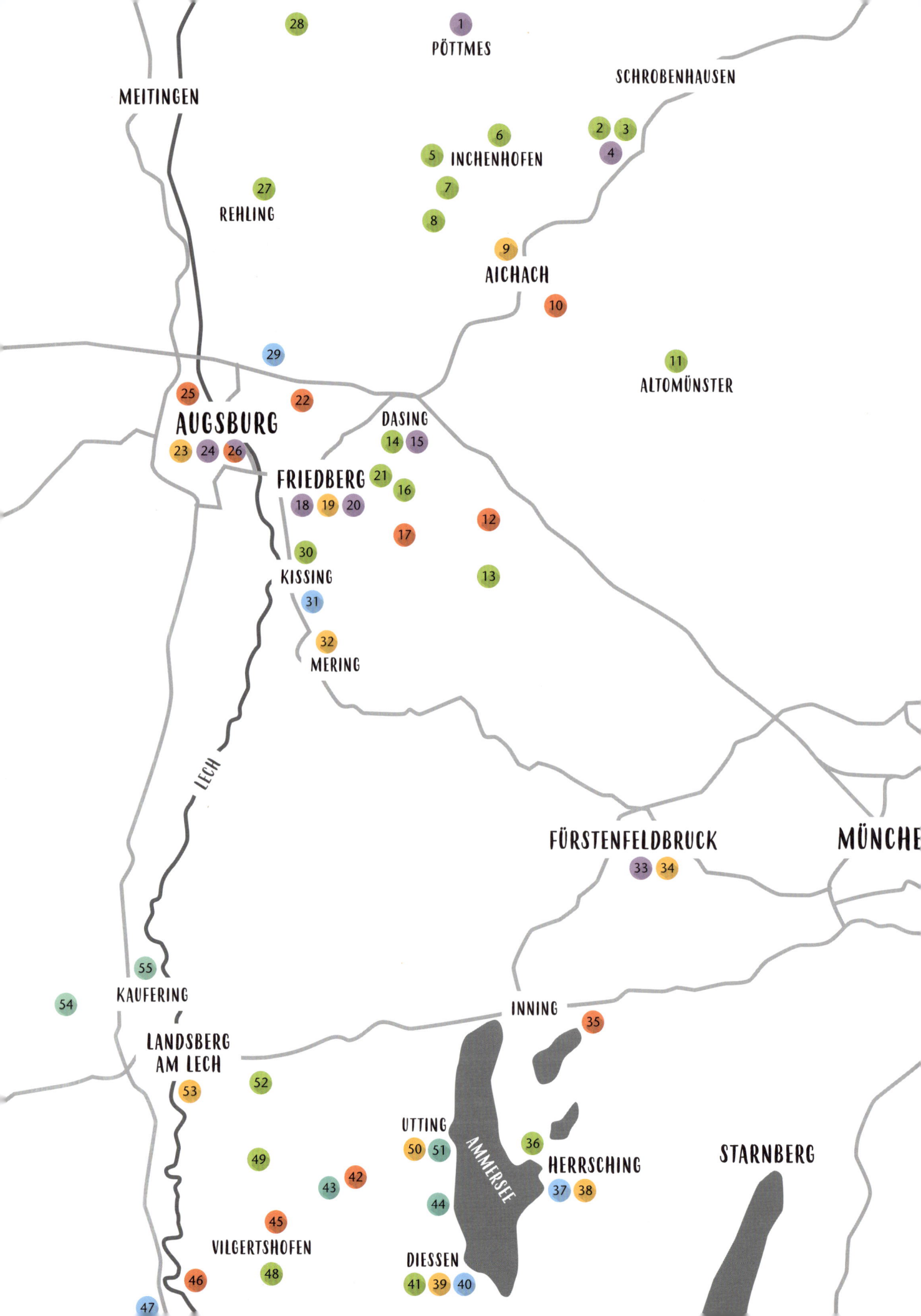

PÖTTMES

SCHROBENHAUSEN

MEITINGEN

INCHENHOFEN

REHLING

AICHACH

ALTOMÜNSTER

AUGSBURG

DASING

FRIEDBERG

KISSING

MERING

LECH

FÜRSTENFELDBRUCK

MÜNCHE

KAUFERING

INNING

LANDSBERG
AM LECH

UTTING

STARNBERG

AMMERSEE

HERRSCHING

VILGERTSHOFEN

DIESSEN

Bauernhof / Hofladen | Gasthof / Restaurant / Café | Wochen- / Bauernmarkt | Geschäft

Fischzucht / Fischer mit Verkauf | Produzent / Verkauf auf Märkten oder auf Bestellung

1 Metzgerei Ottillinger > S. 182
Am Erlenschlag 1 | 86554 Pöttmes
www.ottillinger.de | 08253 312

2 Spargelhof Karl > S. 30
Hörzhausener Str. 4a | 86565 Peutenhausen
www.spargelhof-karl.de | 08252 6437

3 Spargelhof Rankl > S. 30
Hörholzerstr. 10 | 86565 Peutenhausen
08252 6424

4 Madavanilla > S. 196
In der Hut 3c | 86565 Peutenhausen
www.madavanilla.de | 08252 8817769

5 Waglerhof > S. 172
Ainertshofen 3 | 86570 Inchenhofen
www.waglerhof.de | 08257 8741

6 Kürbisprodukte Lohner > S. 153
Aichacherstr. 21 | 86570 Inchenhofen
www.kuerbiskernoel-lohner.de | 08257 928965

7 Sieberhof > S. 172
Rosenstr. 8 | 86570 Sainbach
www.sieber-hof.de | 08257 1068

8 Geflügelhof Weiß > S. 172
Hollenbacherstr. 23 | 86568 Hollenbach-Motzenhofen
08257 990677

9 Stadtmarkt Aichach
Fr 8–12.30 Uhr
Stadtplatz | 86551 Aichach

10 Schloss Blumenthal > S. 105
Blumenthal 1 | 86551 Aichach-Klingen
www.schloss-blumenthal.de | 08251 8904140

11 Spargelhof Heitmeier > S. 30
Lichtenberg 2 | 85250 Altomünster
www.spargelhof-heitmeier.de | 08258 261

12 Landhausbräu Koller > S. 105
Hergertswiesen 5 | 86495 Eurasburg
www.landhausbraeu-koller.de | 08208 959890

13 Otti's Hofladen > S. 172
Burgstall | 86510 Ried
08208 396

14 Biolandhof Breitsameter > S. 172
Hohleneich 1 | 86453 Dasing
www.biolandhof-breitsameter.de | 08258 9117

15 Bauernmarkt Dasing > S. 172
An der Brandleiten 6 | 86453 Dasing
www.bauernmarkt-dasing.de | 08205 959910

16 Lärchenhof Nudelmanufaktur > S. 172
Aretinstr. 27 | 86316 Friedberg-Rinnenthal
www.laerchenhof-nudeln.de | 08208 959939

17 Goldener Stern > S. 108
Dorfstr. 1 | 86316 Friedberg-Rohrbach
www.gasthaus-goldenerstern.de | 08208 407

18 Beeren-Hexe > S. 193
Bahnhofstraße 9 | 86316 Friedberg
www.beeren-hexe.de | 08281 799997

19 Bauernmarkt Friedberg > S. 75
Fr 7–13 Uhr
Marienplatz | 86301 Friedberg

20 Ziegenaus Bennomühle > S. 172
Achstr. 35 | 86316 Friedberg
www.bennomuehle.de | 0821 7101620

21 Körners Hofladen > S. 172
Hergottsruhstr. 4 | 86316 Friedberg
www.koerners-hofladen.de | 0821 6070040

22 Gasthof zum Schloss > S. 144
Pfarrer-Bezler-Straße 7 | 86316 Friedberg-Stätzling
www.gasthof-zum-schloss.de | 0821 783484

23 Stadtmarkt Augsburg | Mo–Sa > S. 132
Fuggerstraße 12a | 86150 Augsburg
www.stadtmarktaugsburg.de

24 Allgäuer Käsehütte > S. 132
Stadtmarkt Augsburg | 86150 Augsburg
0821 5084347

25 Die Tafeldecker > S. 136
Jakoberstraße 26 | 86152 Augsburg
www.dietafeldecker.de | 0821 99879169

26 Lokalhelden > S. 174
Bismarckstr. 10 | 86159 Augsburg
www.lokalhelden-augsburg.de | 0821 65058944

27 Scheicherhof > S. 172
Allmering 3 | 86508 Rehling
www.scheicherhof.de | 08237 6051

28 Bachbauernhof > S. 172
Rainer Str. 8 | 86684 Holzheim
www.bachbauernhof.de | 08276 219

WEITERE INFORMATIONEN

Heike Hoffmann: Kulinarische Entdeckungen am Gardasee
2017/2018, München 2017
Jutta Kotzi, Kerstin Tautenhahn: Lamm und Wildkräuter.
Ein regionaler Genuss, München 2015
Eberhard Pfeuffer: Der Lech, Augsburg 2010
Eberhard Pfeuffer: Am Lech, Augsburg 2015
Eva-Maria Schröder: Fischkochbuch vom Starnberger See,
Tutzing 2011
E.-M. Schröder: Fischkochbuch vom Oberland, Tutzing 2013

www.slowfood.de
www.teferro.de (Pizzaofen-Manufaktur)
www.ursula-roll-art.jimdo.com
www.wittelsbacherland.de
www.spezialitätenwirte.de

BILDNACHWEIS

Alle Bilder von Heike Hoffmann außer:

A Aleksii, S. 211/212 (Icons Fischladen, Geschäft), Benutzung
unter Lizenz von Shutterstock.com, bearb. durch Lisa Schwenk
adehoidar, Hintergrund Rezeptseiten sowie Vor-/Nachsatz,
Benutzung unter Lizenz von Shutterstock.com, Composing
durch Lisa Schwenk
Andrea Wilkening, S. 31 (Rezeptfoto Spargel), S. 83 (außer Rauke)
Andreas Hartl, S. 25 (Huchen) (LBV-Archiv)
Andreas Schumann, S. 2 (Auto)
Angelika Prem, S. 53 (Schafe)
Annette Mayer-Albrecht, S. 36–37
Bernd Wißner, S. 140, S. 141 (Ochsenkarren)
Brauerei Karg, S. 2 (Obama)
Brühenmanufaktur Ammersee, Cover (Ammersee-Mule, Kessel),
Inhaltsverzeichnis (Kessel), S. 87 (Brühe), S. 90 (Ammersee-
Mule), S. 168/169, S. 170 (Hackbraten)
ch Romrodphoto, S. 172, Benutzung unter Lizenz von Shutter-
stock.com
Christine Stedele, Inhaltsverzeichnis (Rosenmarmelade), S. 56–59
Claudia Becher, S. 25 (Eisvogel) (LBV-Archiv)
Colourbox: S. 208 (Zutaten)
Dacian G, S. 211/212 (Icon Telefon), Benutzung unter Lizenz
von Shutterstock.com, bearbeitet durch Lisa Schwenk
Dani Vincek, S. 181 (Suppe), Benutzung unter Lizenz von
Shutterstockom
Eberhard Pfeuffer, S. 22–25 (außer Eisvogel und Huchen)
ElkhatiebVector, S. 211/212 (Icon Hofladen), Benutzung unter
Lizenz von Shutterstock.com, bearbeitet durch Lisa Schwenk
Eva-Maria Schröder, S. 64–67
Familie Eickmann, Inhaltsverzeichnis (Datschi), S. 122–125
(außer Zwetschgen)
Gemüsegarten Kaufering, S. 92/93
Goldener Stern Rohrbach, S. 108, S. 109 (links oben, rechts unten)
gwt Starnberg GmbH, S. 117 (unten links)
Hannah Hauser, S. 2 (Kochszene)

Hildegard Haugg, S. 151 (Walnuss-Konfitüre)
HLPhoto, S. 127 (Klassischer Datschi), Benutzung unter Lizenz
von Shutterstock.com
Hof Café Möstl, S. 13
Il Plonner, S. 118 (oben)
Jutta Kotzi, S. 48/49, S. 51 (Lammkeule), S. 52 (Lamm-Osso-
buco), S. 53 (Lammsülze)
Kultur-Stadl, Inhaltsverzeichnis (Torte), S. 69 (Musiker, Team),
S. 70 (Laterne, Garten), S. 71 (Kuchen), S. 72 (Kuchen),
S. 73 (Knödel)
Lisa Schwenk, S. 2 (Fotografin), Inhaltsverzeichnis (Tagesge-
richt), S. 176 (außer oben rechts)
Madavanilla, S. 196/197, S. 198 (Pistazienkuchen)
Magdalena Kucova, S. 205 (Kerze), Benutzung unter Lizenz
von Shutterstock.com
Markus Vogt, Inhaltsverzeichnis und S. 91 (Pizzaofen)
Metzgerei Ottillinger, S. 185 (Kalbslende)
Münchner Kindl, S. 106 (Obatzda), S. 186–191, S. 194 (Bratapfel)
pixabay: Inhaltsverzeichnis (Tulpen, Vogel, Lamm, Baumstämme,
Apfel, gefrorene Pflanze), Auftaktseite Frühling (Igel, Blumen-
wiese), S. 12 (Gießkanne), S. 19 (Küken, Tulpen), S. 21 (Hase),
S. 27 (Mangold), S. 35 (Radieschen), S. 41 (Maibaumspitze),
Auftaktseite Sommer (Katze, Mohn), S. 72 (Kaffeekanne),
S. 97 (Himmel, Eis in der Waffel), Auftaktseite Herbst (Baum,
Eichhörnchen, Pilz), S. 123 (Zwetschgen), S. 158 (Gemüse),
Auftaktseite Winter (Rotkehlchen, Eiszapfen), S. 199 (Vanille)
StudioSmart, S. 50 (Bienenwabe), Benutzung unter Lizenz von
Shutterstock.com
Uschi Roll, S. 141 unten
Valentyn Volkov, S. 180, Benutzung unter Lizenz von Shutter-
stock.com
Yakan, S. 211/212 (Icons Gastro, Markt), Benutzung unter
Lizenz von Shutterstock.com, bearbeitet durch Lisa Schwenk
YekoPhotoStudio, Colourbox, S. 12 (Rhabarber)

Danke an die Weißbierbrauerei Karg in Murnau, die uns das Obama-Foto zur Verfügung gestellt hat.
Sodann an Ute Jesina fürs Rezeptlektorat. Von ihr sind außerdem folgende Rezepte: Osterlamm und
Haselnuss-Muffins S. 20, Rhabarberkuchen S. 43, Aufstriche S. 77, Zwetschgendatschi-Varianten
S. 127, Glühwein-Gewürz-Kuchen S. 194, Limettentarte S. 199 sowie die Weihnachtsrezepte S. 203–209.
Schließlich danke an die Köchin und Freundin Annette Hauser für Rat und Tat.

ANMERUNG DER REDAKTION

Zu Redaktionsschluss wurde bekannt, dass Bernhard Heiß den Goldenen Apfel in Apfeldorf nicht
mehr betreibt, das Gasthaus aber unter neuer Führung weiter besteht.

REZEPTREGISTER

Kursiv bedeutet: Rezept ist in den Text integriert.